VIND**O**BON**A**

VERLAG · SEIT 1946

Dipl. Ing. Siegrun Berger

Die Anatomie der energetischen Systeme des Menschen

VINDOBONA
VERLAG · SEIT 1946

Bibliografische Information
der Deutschen Nationalbibliothek:

Die Deutsche Nationalbibliothek
verzeichnet diese Publikation in
der Deutschen Nationalbibliografie.
Detaillierte bibliografische Daten
sind im Internet über
http://www.d-nb.de abrufbar.

www.vindobonaverlag.com

© 2023 Vindobona Verlag

ISBN 978-3-949263-37-8
Lektorat: Susanne Schilp
Umschlag- und Innenabbildungen:
Dipl. Ing. Siegrun Berger
Umschlaggestaltung, Layout & Satz:
Vindobona Verlag

Gedruckt in der Europäischen Union
auf umweltfreundlichem, chlor- und
säurefrei gebleichtem Papier.

Für meinen geliebten Mann Savius
und meine Kinder Anna,
Paula und Michael

INHALTSVERZEICHNIS

EINLEITUNG

Das hier vorliegende Buch möchte eine völlig neue These über die Phänomene des menschlichen Lebens vorstellen. Das dem zugrunde liegende Erklärungsmodell basiert auf der Existenz energetischer Körper, deren Wirken erst viele der vielschichtigen psychischen Aspekte der menschlichen Persönlichkeit samt ihren Auswirkungen auf den physischen Körper und die Umstände bestimmenden Bedingungen, denen der Mensch unterworfen ist, erklären kann. Es stützt sich außerdem auf dem ebenfalls hier beschriebenen System der Dimensionen, das des Menschen gewählte Lebensform und seine unterschiedlichen Entwicklungsstufen unterstützt.

Das Verständnis der energetischen Körper soll zu neuen Sichtweisen und Erkenntnissen verhelfen, um das Leben mit all seinen Schwierigkeiten und Einschränkungen besser verstehen zu können Der Mensch ist kein Spielball eines zufälligen über ihn hereinbrechenden Schicksals und jede noch so leidvolle und ausweglose Situation kann mit den richtigen Mitteln kurz-, mittel- bis langfristig geändert werden. Zusammen mit dem Willen zur Veränderung und mehr Selbstverantwortung sind die nötigen Voraussetzungen geschaffen, die ein angenehmeres Leben als bisher möglich machen sollten.

Den Fokus zunächst auf die eigene Entwicklung gelenkt, sollte sich ein jeder nach seinem kollektiven Vermögen für menschlichere Bedingungen einsetzen, sodass ein Einzelner, dazu nicht fähig, aufgrund zufälliger unglücklicher Umstände und einem Gesetz, das eine Unmenge zivil- und strafrechtlicher Mittel ausgerechnet den Friedenunwilligsten zur Verfügung stellt, ohne Wiedergutmachung seiner Existenzgrundlagen – als ein geringes Beispiel seien hier nur die strittigen Scheidungen erwähnt – beraubt werden kann.

Letztendlich sollte ein immer größer werdender Teil der Menschheit, einem höheren Ideal dienend, jene gesellschaftlichen Kräfte schwächen, die für geringere, egoistisch motivierte Interessen eintreten, und somit die nötigen Grundlagen schaffen, dass die Menschen in einer Welt des Friedens einen fruchtbaren Boden für die eigene und die kollektive fortschrittsorientierte Entwicklung finden.

DIE ENERGETISCHEN SYSTEME DES MENSCHEN

Die Anzahl der energetischen Körper beträgt neun, die, eng miteinander verflochten und verwoben, mit dem physischen Körper eine Einheit bilden und im Idealfall einheitlich und harmonisch zusammenarbeiten. Jedem einzelnen Körper ist ein eindeutig definiertes, sich nicht überschneidendes Aufgabengebiet zugeordnet, das jeweils einen Teilaspekt der individuellen Persönlichkeit des Menschen abdeckt, sodass sich der Mensch in vielfältiger Weise ausdrücken und, auf seine ihm eigene Art unterstützt oder aber auch eingeschränkt, auf die Reize seiner Umwelt reagieren kann. Die energetischen, als auch der physische Körper sind darüber hinaus als erfahrungsbasiertes System konzipiert, deren Anatomie und Funktionsweise dazu dienen, den Menschen in seinen unterschiedlichen Entwicklungsphasen bestmöglich zu unterstützen.

Allen energetischen Körpern gemein ist ihr strukturierter Aufbau, der sich an den Organen des physischen Körpers orientiert. Es sind demnach in jedem der neun energetischen Körper entsprechende energetische Organe angelegt, die jeweils genau einem physischen Organ oder einer Muskel-, Sehnen-, Knochengruppe eindeutig zugeordnet sind. Darüber hinaus ist inmitten der energetischen Organe jeweils ein zentrales übergeordnetes, intelligentes Organ zu finden, das man als das Herz des energetischen Körpers bezeichnet. Unterhalb der meist sehr harten Hülle des eiförmigen Körpers ist, nicht immer, ein Speicherbereich untergebracht, der wesentliche, für das aufrechte Funktionieren der inneren Abläufe benötigte Daten oder Energien speichert.

In jedem der energetischen Körper sind sowohl die männlichen als auch die weiblichen Sexualorgane angelegt, die je nach Geschlechtszugehörigkeit entweder aktiviert oder stillgelegt sind. Obwohl jedem Menschen ein eindeutiges Geschlecht zugeordnet ist, inkarniert er je nach seinem individuellen Karma auch sehr häufig entgegen seinem Ursprungsgeschlecht, um bestimmte Erfahrungen zu machen, die in einer männerdominierten Gesellschaft sonst nicht möglich wären.

Das Baumaterial, aus der die energetischen Systeme bestehen, nennt sich Energiematerie, eine masselose, ebenso wie die sichtbare Materie in Elemente zerfallende Substanz, die feste, magnetische und elektrische Bestandteile aufweist. Sie unterstehen denselben Gesetzen wie die materiellen Elemente, einschließlich der Schwerkraft und der Schwere ihrer Dichte, die auf den physischen Organen lastet, jedoch mit Ausnahme der Ortsbezogenheit. Die Verbindung der energetischen Körper mit dem physischen ist lose durch die Organe, die einander durchdringen, festgelegt, lediglich der Logica, ein Vorgriff sei hier gestattet, hat eine direkte Verbindung mit dem physischen Gehirn.

Physischer Körper

Die Anatomie des physischen Körpers wird im Rahmen dieses Buches nicht behandelt. Dennoch ist er für das hier vorgestellte Modell insofern interessant, als er von den Funktionen und Energien der mit ihm verbundenen energetischen Körper stark beeinflusst wird und den inneren abstrakten Prozessen und Befindlichkeiten einen sichtbaren Ausdruck verleiht und den energetischen Sünden Krankheiten nachfolgen lässt.

Obwohl der Mensch für seine Existenz auf den physischen Körper nicht angewiesen ist, wird er benötigt, um auf der Erde wirken zu können. Der physische Körper steht dem Menschen jedoch nur für jeweils eine Inkarnation zur Verfügung und konfrontiert ihn dadurch mit Erfahrungen wie Alter, Tod und Verlust. Die energetischen Körper des Menschen sind hingegen unzerstörbar und bleiben für immer bestehen. Allerdings prägen die unterschiedlichen Erfahrungen ihre Strukturen und Funktionen nachhaltig, sodass auch ohne die Existenz eines physischen Körpers Schmerzen und Krankheiten auftreten können.

Bestimmten Teilbereichen des physischen Körpers sind jeweils ganz spezifische Rollen im Ausdrucks- und Facettenreichtum der Persönlichkeit des Menschen zugedacht, wobei jedem Organ und unterschiedlich zusammengestellten Knochen-, Sehnen-, Muskelgruppen ganz bestimmte Persönlichkeits-Teilaspekte zugeordnet sind, deren Summe das gesamte Spektrum der vielgestaltigen, facettenreichen Persönlichkeit auszudrücken imstande ist.

Sensus

Emotionen sind untrennbar mit der menschlichen Existenz verwoben und motivieren des Menschen tägliche Handlungen und sein Verhalten in zwischenmenschlichen Beziehungen. Das emotionale Erleben verleiht ihm Lebendigkeit, Authentizität und Ausdruckskraft und befähigt ihn dazu, empfindsam und mitfühlend auf seine Mitmenschen eingehen zu können. Umgekehrt betrachtet, soll das Miteinander mit geliebten und vor allem mit schwierigen Menschen den ehrlichen, aber selbstbeherrschten Umgang mit negativen Gefühlen lehren, um einen gesunden Mittelweg zwischen vollkommener Abgrenzung und emotionaler Offenheit leben zu können.

Der Sensus ist daher mit der Aufgabe betraut, des Menschen vielschichtige facettenreiche Persönlichkeit um die Dimension des emotionalen Empfindens zu bereichern und stellt hierfür die nötigen Strukturen und Funktionen zur Verfügung, die aufgrund der engen Zusammenarbeit und unmittelbaren Wechselwirkung mit den anderen energetischen Körpern das individuelle, eigenwillige Verhalten des Menschen mit bedingen.

Bedeutung

Der Mensch ist unablässig mit einer wechselnden Fülle unterschiedlicher Emotionen konfrontiert, die sein Leben nicht nur in emotionalen Ausnahmesituationen offensichtlich dominieren, sondern, hier zumeist auf diffizile und nicht nachvollziehbare Weise, sämtliche alltägliche Verhaltensweisen und Handlungen wesentlich mitbestimmen. Der Sensus ist daher unentflechtbar eingegliedert in der Kette der energetischen Körper und somit gleichzeitig empfangender und veranlassender Bestandteil des menschlichen Systems, der einerseits die unablässig hereinströmenden Reize des täglichen Lebens aufnimmt, um je nach aktueller Befindlichkeit und emotionaler Vorgeschichte darauf entsprechend zu reagieren und andererseits mit seinen Funktionen das weitere Geschehen beeinflusst.

Die treibende Kraft, der Motor all jener Prozesse, ist die aufgrund dieser Reize erzeugte Emotion, eine Energie, die mit Hilfe empfindlicher, vom Sensus System bereitgestellter Sensoren zu einer unübersehbaren bestimmenden Größe wird, deren Wirkung sich der Mensch nicht entziehen kann.

Bringen positive Gefühle Entspannung und wirken harmonisierend auf das gesamte System, kann hingegen die überwiegende Zahl negativer, unangenehmer Emotionen den Menschen dazu anspornen, sie zu verdrängen und mit entsprechenden Strategien zu bekämpfen. Den irrationalen, identifikationsbedingten stehen jedoch anlassbezogene, Notfälle vermeidende Verdrängungsmaßnahmen gegenüber, die den Menschen nötigen, sich in emotionalen Ausnahmefällen zu überwinden, um mit einem klaren, von Emotionen unbenebelten Verstand gefährlichen Situationen noch eine bestmögliche Wendung zu geben.

In welche Situationen, seien es angenehme oder schwierige bis massiv traumatische, der Mensch auch gerät, sie schreiben seine ganz persönliche Geschichte, die ihren Ausdruck in einer Palette individuell unterschiedlich entwickelter Verhaltensweisen findet, auf die im Bedarfsfall meist gedankenlos zugegriffen wird. Die energetischen Strukturen des Sensus sind jedenfalls flexibel und passen sich perfekt an die emotionalen Gewohnheiten an, sodass sie den gelebten Verdrängungsstrategien vortrefflich gerecht werden.

Die aus dem Bewusstsein verbannten Emotionen lösen sich jedoch aufgrund erfolgreicher Verdrängungsmaßnahmen nicht auf, sondern werden in den energetischen Speicherstrukturen des Sensus untergebracht. Von dort streben sie unaufhörlich, ausgelöst durch unterschiedlichste Situationen und Begegnungen, zurück ins Sensus-System und werden meist sofort wieder unter Zuhilfenahme passender Strategien schnellstmöglich in den Speicher verschoben. Die auf diese Weise gesammelten Emotionen erfassen eine individuelle emotionale Historie, die gemeinsam mit aufrechten Verdrängungsstrategien zu einem konstruierten, unehrlichen Verhalten führen und darüber hinaus die Wahrnehmung für die wahren Bedürfnisse und Anliegen der Mitmenschen verfälscht.

Öffnet sich der Mensch hingegen wieder für seine Gefühle und setzt sich mit schwierigen Situationen ehrlich und intensiv auseinander, verbrauchen die empfindlichen Sensoren nicht nur die Energie der aktuellen Emotionen, sondern auch die sowieso locker sitzenden und ständig zurück ins System drängenden gespeicherten Emotionen, sodass sich der Speicher nach und nach entleert.

Obwohl Emotionen innerhalb der energetischen Strukturen des Sensus erzeugt und verwaltet werden, wirken ihre Energien systemübergreifend und frequenzunabhängig, jedoch räumlich auf die Sensus Organe begrenzt, auf alle anderen energetischen und physischen Strukturen des menschlichen Systems. Sie beeinflussen damit ihre Funktionen und, je nach Qualität und Dichte der Emotion, auch ihre Gesundheit. Dem physischen Körper des Menschen ist zudem die Aufgabe zugedacht, den im System befindlichen Emotionen durch Mimik, Gestik und Körperspannung einen für seine Mitmenschen wahrnehmbaren Ausdruck zu verleihen.

Anatomie und Funktionsweise

Der Sensus ist der dichteste aller energetischen Körper und schwingt daher auf der niedrigsten möglichen Frequenzstufe. Seine Organe und Speicherstrukturen werden von einer relativ dicken und sehr harten eiförmigen Schale geschützt, die an der Oberseite einen Durchgang für mehrere dünne Kanäle bereitstellt.

Im Zentrum des Sensus befindet sich das zweigeteilte Sensus Herz, das aus dem großen Rachiing und dem etwas kleineren Varfater zusammengesetzt ist. Der Rachiing besteht aus den acht Umba-Generatoren, die jeweils unterschiedliche Emotionen erzeugen, den mit Umba-Sensoren ausgestatteten Speicherzellen, mit deren Hilfe die Emotionen wahrgenommen und damit auch verbraucht werden, einer kleinen Pumpe – dem sogenannten Quabber, der einen Teil der erzeugten Emotionen für den weiteren Gebrauch im Varfater verdichtet – und einer Steuerungszentrale, die eine Schnittstelle für die Interaktion mit den anderen energetischen Körpern bereitstellt.

Der Varfater, der mit Hilfe eines Schachts mit dem Rachiing verbunden ist, besteht ebenfalls zum größten Teil aus Speicherzellen, einem Ventilator, der die vom Quabber verdichteten Emotionen verwirbelt und durchmischt, und einer Schleuse, die eine direkte Verbindung mit dem Ingenium herstellt, um die erzeugten Emotionen zu übermitteln.

Rund um das Sensus Herz sind die ungleich großen und unterschiedlich geformten Sensus Organe angeordnet. Sie bestehen aus jeweils einer Steuerungszentrale, die sich im Zentrum des Organs befindet, und ein bis zwei Emotionen-Elementen, die aus unzähligen Speicherzellen zusammengesetzt sind. Im Zentrum jeder Speicherzelle befindet sich jeweils genau ein Umba-Sensor, der jedoch, im Gegensatz zu denen des Sensus Herzens, auf eine spezielle Bandbreite von Emotionen beschränkt bleibt und somit einen bestimmten emotionalen Teilaspekt der Persönlichkeit des Menschen definiert.

Umba-Generatoren sind jedoch im Sensus Organ keine zu finden. Die Speicherzellen sind daher mittels feiner Faserstränge, die sich an der Unterseite der Emotionen-Elemente bündeln, mit dem Sensus Herz verbunden, um jene Emotionen zu übernehmen, die der Reaktionsbandbreite der Umba-Sensoren des jeweiligen Organs entsprechen. Sie sind außerdem mit dem Emotionen-Speicher verbunden, der die aufgrund von Verdrängungsbemühungen abgelehnten Emotionen aufnimmt und speichert.

Der Emotionen-Speicher befindet sich direkt unterhalb der harten Schutzhülle des Sensus. Er besteht aus unzähligen kugelförmigen Speicherperlen, die mit jeweils genau einem der Umba-Sensoren des Sensus Herzens oder der Sensus Organe zugeordnet sind. Die Speicherperlen sind mit einem kleinen Quabber ausgestattet, der die von den Umba-Sensoren abgelehnten Emotionen komprimiert, bevor sie in ihren kleinen Zellen gespeichert werden.

Negative Emotionen sind abhängig von ihrer Dichte sehr aggressiv und zerstörerisch und können den empfindlichen Strukturen des Sensus Körpers sehr zusetzen. Er wird daher mit einem heilenden und präventiv gegen Verunreinigungen wirkenden Gel versorgt, das von der göttlichen Instanz zur Verfügung gestellt und mittels dünner Kanäle zum Sensus Herz und über den Umweg einer zentralen Pumpe zu den Sensus Organen geleitet wird. Im unteren Bereich des Sensus Körpers wird von einem kleinen Generator ein beruhigendes Gas erzeugt, das sich im Inneren des Körpers gleichmäßig verteilt. Es bindet und verfestigt diffundierende Emotionen, die daraufhin absinken und von den dort befindlichen Absorptionszellen aufgenommen und entsorgt werden. Darüber hinaus werden die Organe von kleinen, autonomen Wesen, den sogenannten Minilys, gepflegt, die mit ihren kleinen, mit Werkzeugen ausgestatteten Pfoten zerstörte Gewebe versorgen und hartnäckige Verkrustungen von den empfindlichen Strukturen lösen.

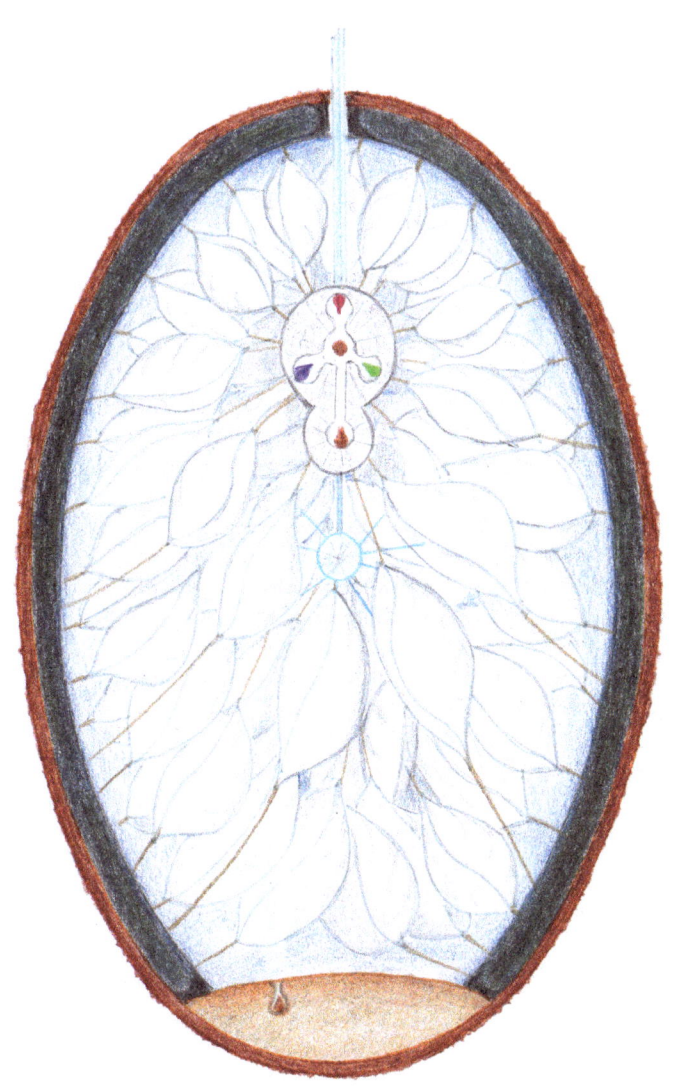

Das Bild zeigt den eiförmigen Körper des Sensus im Längsschnitt. Im Zentrum ist das große zweigeteilte Sensus Herz mit drei seiner Umba-Generatoren, dem Quabber in der Mitte und dem Ventilator im Varfater zu sehen. Rund um das Sensus Herz sind die unterschiedlich großen und verschiedenartig geformten Sensus Organe angeordnet. Gleich unterhalb der harten Schutzhülle befindet sich der Emotionen-Speicher, dessen Speicherperlen mit Hilfe dünner, gebündelter Fasern mit dem Sensus Herz und den Sensus Organen verbunden sind. Die Kanäle, die von oben zum Körper führen, verbinden den Sensus mit der göttlichen Instanz. Sie leiten ein heilendes Gel entweder direkt zum Sensus Herz oder zu einer kleinen, hier hellblau eingezeichneten zentralen Pumpe, mit deren Hilfe die Organe versorgt werden. Im unteren Teil des Sensus ist der in Absorptionszellen eingebettete Generator zu sehen, der eine wohltuende gasförmige Atmosphäre im Inneren des Sensus erzeugt.

Sensus Herz

Herausfordernde Konflikte und Begebenheiten, freudvolle Begegnungen und Situationen, aber auch quälende Gedankengänge werden immer von einer Vielfalt gemischter Emotionen begleitet, die von den energetischen Strukturen des Sensus Herzens bereitgestellt und von seinen empfindsamen Sensoren wahrgenommen und verbraucht, aber auch verdrängt werden können. Die Qualität der erzeugten Emotionen wird jedoch nicht nur von der aktuellen Situation und der gegenwärtigen Befindlichkeit bestimmt, sondern maßgeblich von vergangenen Erfahrungen, deren emotionale Komponente als Bündel von verdrängten, noch nicht verarbeiteten Emotionen auf die laufenden Prozesse des Sensus Herzens Einfluss nimmt.

Die Verhaltensweisen und Eigenheiten, die sich der Mensch aufgrund emotional angespannter Ereignisse, egoistischer Absichten oder einer großen Last gespeicherter, stetig zurück zum Herzen drängender Emotionen aneignet, werden vom Sensus Herz unterstützt, indem es seine Strukturen verändert und perfekt an die gelebten Gewohnheiten anpasst. Das Sensus Herz automatisiert damit eingefahrene Muster von vorhergegangenen Verdrängungsbemühungen, deren Ablauf daraufhin nur noch teilweise bewusst wahrgenommen werden kann.

In derartigen Situationen werden sehr häufig mehr Emotionen vom Sensus Herz erzeugt, als von den Sensoren im selben Zeitraum verarbeitet werden kann. Daher stellt das Sensus Herz einen Kurzzeitspeicher zur Verfügung, der die sich anhäufenden Emotionen aufnimmt, bis sie entweder doch noch verbraucht oder in den Emotionen Speicher abgedrängt werden. Die auf diese Weise gepufferten Emotionen erhalten dadurch die Gelegenheit, ihre resonante Wirkung zu entfalten, die infolgedessen entsprechende Umstände formen oder Begegnungen initiieren können, an denen die Qualität der verdrängten Emotionen abgelesen werden kann.

Begegnungen mit unangenehmen oder aggressiven Mitmenschen können sehr herausfordernd sein und bringen zumeist emotionale Ausnahmezustände mit sich, die nahezu immer mit energetischen Angriffen verbunden sind. Ihre Planung und Durchführung obliegen jedoch dem Ingenium, der sich generell um die Anliegen der egoistischen Persönlichkeitsaspekte des Menschen zu kümmern hat und im Speziellen auf die dazu passenden negativen Emotionen des Sensus Herzens angewiesen ist. Der Ingenium übernimmt die Energien mittels einer Schleuse, prägt sie mit egoistischen Aspekten wie Argwohn, Eifersucht oder Aggressivität und übermittelt sie, um den energetischen Angriff letztendlich zu vollziehen, an seine Gegenspieler.

∗ ∗ ∗

Das große zweigeteilte Sensus Herz, das sich im oberen Brennpunkt des eiförmigen Sensus Körpers befindet, hebt sich funktional und baulich deutlich von allen anderen Organen des Sensus ab. Der obere kugelförmige, weitaus größere Teil des Herzens heißt Rachiing, der untere kleinere wird Varfater genannt.

Rachiing und Varfater bestehen größtenteils aus Speicherzellen, die mit Hilfe kleiner, mit weichen, elastischen Wänden versehenen Kammern ihren Platz im Herzen zugewiesen bekommen. Im hinteren

Teil des Rachiing befindet sich die Steuerungszentrale des Sensus Herzens, der sogenannte Wastern, der die Funktionen des Sensus Herzens koordiniert und eine Schnittstelle für die Kommunikation mit den anderen energetischen Körpern zur Verfügung stellt.

Radial um das Zentrum des Rachiing sind die acht unterschiedlich aufgebauten Umba-Generatoren angeordnet, die jeweils in einer kugelförmigen kleinen Kammer untergebracht sind. Sie entlassen ihre erzeugten Emotionen in einen kurzen Kanal, der eine Verbindung mit der großen Sammelkammer im Zentrum herstellt. Der Großteil der Emotionen erreicht die Sammelkammer jedoch meist gar nicht, sondern wird sofort von den nächstgelegenen Speicherzellen wie ein Schwamm aufgesogen und an die benachbarten weitergeleitet. Die solcherart gepufferten Emotionen werden von den Umba-Sensoren, von denen jeweils eine im Zentrum der Speicherzellen zu finden ist, verbraucht, sodass sich die Speicher langsam wieder entleeren.

Jener Teil der Emotionen, der die große Sammelkammer erreicht, wird von einer kleinen Pumpe, dem sogenannten Quabber, vermischt und etwas verdichtet, sodass sie von den Speicherzellen nun nicht mehr aufgenommen werden können und aufgrund ihrer Schwere durch den großen Verbindungsschacht zum Varfater absacken. Dort sammeln sie sich, von einem Ventilator ständig in Bewegung gehalten, in einer Kammer und warten nun auf ihre Überstellung zum Ingenium. Die Kammer ist daher mit einer Schleuse ausgestattet, die einen Korridor zwischen dem Sensus und dem Ingenium einrichtet und die verdichteten Energien mittels Frequenzanpassung übermittelt. Die Zustellung erfolgt jedoch nicht stetig, sondern portionsweise, indem sich der Varfater mit Hilfe einer Klammer, die ihn rückwärtig umspannt, abrupt zusammenzieht.

Sollte der energetische Angriff nicht durchgeführt werden, bleiben die verdichteten Energien zunächst in der Sammelkammer des Varfaters zurück, nehmen jedoch aufgrund der andauernden

Verwirbelung durch den Ventilator langsam wieder Energie auf, bis sie von den Speicherzellen aufgesogen werden können.

Die Verdrängung unerwünschter unangenehmer Emotionen erfolgt durch die Umsetzung zweier Maßnahmen: Einerseits lehnen die Umba-Sensoren die Emotionen ab, indem sie sich des direkten Kontakts mit ihnen entziehen und zweitens werden die Bänder, die dicht an dicht in der elastisch stabilen Schutzhülle des Sensus Herzens eingearbeitet sind, enger, sodass sie den saugfähigen Teil der Speicherzellen zusammenpressen und die Emotionen mit Hilfe feiner Fasern in den Emotionen Speicher abdrängen. Die Speicherzellen des Herzens sind mittels derselben feinen Fasern auch mit den Sensus Organen verbunden, um die von den Umba-Generatoren erzeugten Emotionen im gesamten Sensus System zu verteilen.

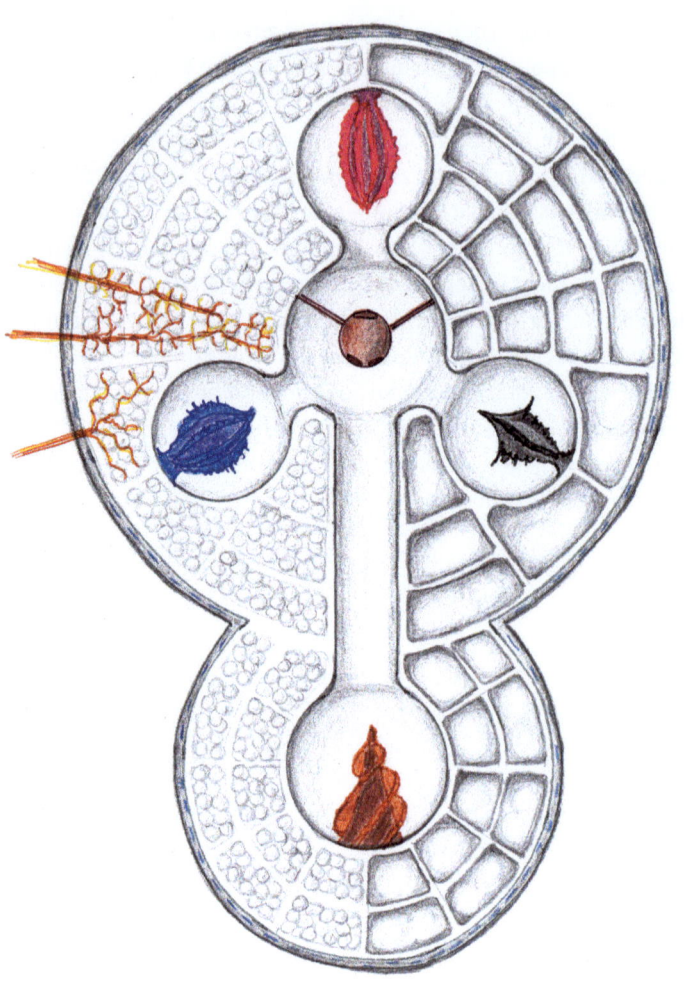

Das Bild zeigt den Aufbau des Sensus Herzens im Längsschnitt. Im Bild oben ist der Rachiing abgebildet, an den der kleinere Varfater anschließt. Der Rachiing ist mit acht unterschiedlichen Umba-Generatoren ausgestattet, von denen hier im Bild lediglich drei zu sehen sind. Im Zentrum des Rachiing ist der kleine Quabber untergebracht, der die von den Umba-Generatoren erzeugten Emotionen verdichtet und sie durch den großen Schacht zum Varfater absinken lässt. In der Kammer des Varfaters befindet sich ein großer Ventilator, der für eine gute Durchmischung der dichten schweren Energien sorgt. Die Schleuse, die das Sensus Herz mit dem Ingenium verbindet, befindet sich hinter dem Ventilator und ist hier deswegen nicht zu sehen. Die Speicherzellen des Sensus Herzens sind in kleinen Kammern untergebracht, die hier rechts im Bild zu erkennen sind. Links oben sind nur einige der gebündelten Fasern angedeutet, die die Speicherzellen mit den Sensus Organen und dem Emotionen Speicher verbinden. In der elastisch stabilen Schutzhülle des Sensus Herzens sind die graublauen Bänder zu erkennen, die das gesamte Sensus Herz zusammenpressen, um die in den Speicherzellen vorhandenen Emotionen in den Emotionen Speicher abzudrängen.

Wastern

Der Wastern, der sich hinter der großen Sammelkammer im Zentrum des Rachiing befindet, stellt eine Schnittstelle für die Kommunikation der energetischen Körper untereinander zur Verfügung und steuert aufgrund dieser Informationen das gesamte Sensus System. Die Informationen, die in Form von Energieimpulsen an den Wastern übergeben werden, bestehen zum einen aus Reizen, die an die Umba-Generatoren weitergeleitet werden, und zum anderen aus Datenpaketen, die die Umba-Sensoren entweder mit dem Aufbau oder der Schwächung von Verdrängungsstrukturen beauftragen, die elastischen Bänder der Schutzhülle des Sensus Herzens ansteuern oder den Varfater auffordern, die in seiner Sammelkammer vorhandenen Emotionen an den Ingenium zu überstellen. Der Wastern informiert außerdem die Steuerungszentralen der Sensus Organe über aktuelle Vorgänge im Sensus Herzen, damit die Verdrängungsbemühungen auch auf Organebene umgesetzt werden können.

Der Wastern besteht aus einer großen, runden Kammer, in der das intelligente Kraftfeld der Steuerungszentrale untergebracht ist. Rund um die Kammer ist eine Reihe rechteckiger Verteilerkammern angeordnet, die mittels hauchdünner Membrane vom Kraftfeld getrennt sind. Das Kraftfeld wird von einem hellgelben elastischen Kern aufgebaut, der allein aufgrund seiner starken Intensität im Zentrum der Kammer gehalten wird und daher keine Befestigungsbänder oder Klammern benötigt.

Von den Verteilerkammern führen dünne Röhrchen weg, die gleich danach spitz zusammenlaufen, um die daran anschließenden Verbindungsfasern festzuklemmen. Die feinen Fasern verbinden den Wastern entweder mit den Umba-Generatoren, den Umba-Sensoren und den elastischen Bändern der Schutzhülle des Sensus Herzens selbst oder mit den Steuerungszentralen der Sensus Organe. Der Trichter am Ende des Röhrchens ist mit einem leitfähigen Material ausgekleidet, das die ankommenden Informationsimpulse aufnimmt und an die Verbindungsfasern übergibt.

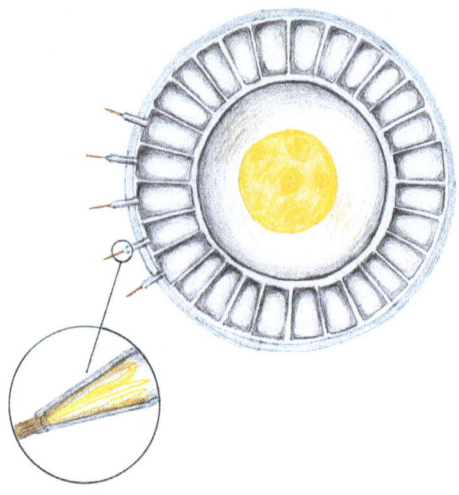

Das Bild zeigt den Wastern im Detail. Im Zentrum ist der große gelbe Kern zu sehen, der das intelligente Kraftfeld der Steuerungszentrale aufbaut. Die große Kammer ist von kleinen rechteckigen Verteilerkammern umgeben, die für die Aufteilung der Informationsimpulse auf die Umba-Generatoren, die Umba-Sensoren und die elastischen Bänder des Sensus Herzens und die Steuerungszentralen der Sensus Organe gebraucht werden. Das

Detailbild zeigt die Innenbeschichtung des Röhrchens, mit deren Hilfe die Impulse von den Fasern aufgenommen und weitergeleitet werden können.

Umba-Generatoren

Der Rachiing ist mit acht Umba-Generatoren ausgestattet, die der jeweiligen Situation und Gemütslage des Menschen entsprechend verschiedenartige Emotionen erzeugen können. Anhand ihrer Bauweise kann man acht unterschiedliche, wenn auch individuell gefärbte Arten von Emotionen identifizieren: Freude, Hass, Angst, Gier und Neid, Wut und Zorn, Trauer und Traurigkeit, sexuelle Lust bis hin zum gierigen Verlangen und Eifersucht. Eine Besonderheit stellt die sexuelle Lust dar – die einzige Emotion, die nicht in ihrer vollen qualitativen Bandbreite von den Sensoren des Sensus Herzens wahrgenommen werden kann. Das, was man als sexuelles Verlangen in den Sexualorganen fühlt, kann ausschließlich von den Sensoren der Sensus Organe wahrgenommen werden.

***

Die Umba-Generatoren besitzen einen mehr oder weniger schlanken zwiebelförmigen Körper, der mit vier bis acht unterschiedlich gestalteten Flügeln besetzt ist. Sie verdichten und prägen durch starke Vibration der Flügel ihre Umgebungs-Energie, die vom Energieversorgungs-System in nicht unbegrenztem Ausmaß bereitgestellt wird.

Die Qualität der erzeugten Emotionen wird einerseits von der Gestalt und Größe der Zwiebel, jedoch hauptsächlich von der Anzahl und Form der Flügel, sowie der Intensität mit der sie sich bewegen, bestimmt. Die von Mensch zu Mensch unterschiedliche Gestalt entwickelt sich aufgrund der individuellen emotionalen Vorlieben und Eigenheiten und passt sich den jeweiligen Lebensumständen an. Die Umba-Generatoren friedliebender und ausgeglichener

Menschen sind daher eher unscheinbar und farblos, während jene traumatisierter oder aggressiver Menschen sehr große und auffällige Formen entwickeln können.

Obwohl die Farb- und Formenvielfalt der Umba-Generatoren nahezu unendlich ist, wurde hier jeweils ein gut entwickelter typischer Vertreter für je eine der acht Hauptemotionen ausgewählt, die auf den folgenden Seiten vorgestellt werden.

 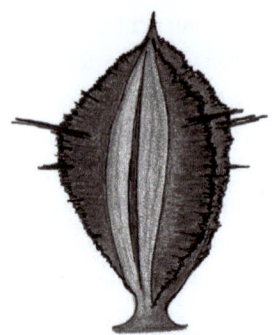

Das linke Bild zeigt den dickbauchigen Umba-Generator der Freude. Er besitzt eine zumeist cremeweiße Zwiebel, die mit acht dunkelgelb umrandeten, gummiartigen Flügeln ausgestattet ist. Die Farbschattierung der Energie der Freude verläuft von einem gebrochenen milchigen Weiß bis zu einem hellen Gelb. Auf dem rechten Bild ist die scharf groteske Gestalt eines Umba-Generators zu sehen, der die schwarze Emotion des Hasses erzeugt. Seine dunkelgraue schlanke Zwiebel ist mit fünf blauschwarzen drachenartigen Flügeln versehen, die im oberen Bereich mit wenigen langen Stacheln besetzt ist.

Das linke Bild zeigt die dunkelblaue Gestalt eines Umba-Generators, der die Emotion der Angst bis hin zur Panik erzeugt. Die mit Längsschlitzen versehene Zwiebel ist mit fünf scharf gewellten Flügeln besetzt, die im unteren Bereich mit spitzen, unterschiedlich langen Stacheln besetzt sind. Die Farbe der erzeugten Emotion ist ein dunkles Blau bis Schwarz. Rechts im Bild ist der dunkelgrüne Umba-Generator der ebenfalls dunkelgrünen Gier abgebildet. Er ist mit vier, meist schmutziggrün gewellten Flügel ausgestattet, die mit unzähligen kleinen scharfen Widerhaken bestückt sind. Die Zwiebelspitze kann, wie hier zu sehen ist, auch aufreißen, wenn der Mensch seiner Gier nichts entgegensetzt.

Der hier links dargestellte Umba-Generator erzeugt die feuerroten Emotionen der Wut und des Zorns. Er ist mit sieben hell- bis dunkelroten Flügeln besetzt, die mit kleinen scharfen Stacheln übersät sind. Das rechte Bild zeigt die orangegelbe schlanke Zwiebel eines Umba-Generators, der die Emotion der Eifersucht erzeugt. Er besitzt acht pergamentartige hellgelbe Flügel, die im unteren Bereich breiter werden und dort mit dünnen langen roten Stacheln besetzt sind. Die Farbe der erzeugten Emotion ist ein schmutziges Gelb bis Orange.

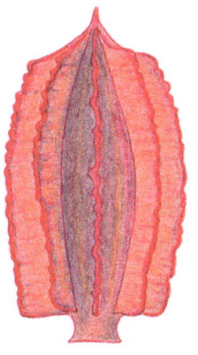 

Der hier links abgebildete Umba-Generator erzeugt die dunkelrote Emotion der sexuellen Gier. Die intensiven Gefühle der Liebe, die ein gesunder Mensch während der Vereinigung mit seinem Partner empfindet, werden hingegen vom Dilectio beigesteuert. Er besitzt acht dunkelrote gummiartige Flügel, die gänzlich ohne Stachel oder Widerhaken auskommen. Das rechte Bild zeigt die dickbauchige Zwiebel eines Umba-Generators, der die dunkellila gefärbte Emotion der Traurigkeit bis hin zur tiefschwarzen Trauer erzeugt. Die neun blaulila Flügel des Generators sind weich und stark gewellt.

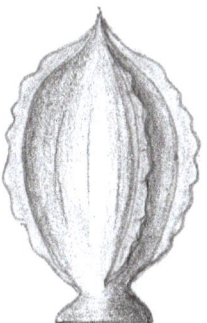

Auf dem Bild ist das Beispiel eines neutralen Umba-Generators zu sehen, dessen kurze Flügel zu schwach sind, um eine der acht Hauptemotionen zu erzeugen. Die Farbe seines Körpers ist hellgrau, seine leicht durchscheinenden Flügel hellblau.

Speicherzellen

Die Speicherzellen sind in den kleinen, radial um die Sammelkammer des Rachiing und des Varfaters angeordneten Kammern des Sensus Herzens untergebracht. Sie saugen den größten Teil der von den Umba-Generatoren erzeugten Emotionen auf und verteilen sie auf diese Weise nicht nur sehr schnell im gesamten Sensus Herz, sondern auch, diesmal jedoch mittels feiner Fasern, auf die Sensus Organe. Im Inneren jeder Speicherzelle befindet sich jeweils ein verhältnismäßig sehr kleiner Umba-Sensor, mit dessen Hilfe die Emotionen im Idealfall gefühlt und verbraucht werden, aber auch Verdrängungsbemühungen umgesetzt werden können, indem sie durch Strukturänderung den unmittelbaren Kontakt mit den Energien zu vermeiden suchen.

Lehnen die Umba-Sensoren die Emotionen ab oder werden größere Mengen davon erzeugt, als von ihnen verbraucht werden können, füllen sich die Speicherzellen, sodass die nachfolgenden Energien, ebenfalls mit Hilfe feiner Fasern, die gespeicherten in den Emotionen Speicher abdrängen. Der Prozess der Verdrängung kann mit Unterstützung der in der Schutzhülle eingearbeiteten, enger werdenden Bänder beschleunigt werden, da sie, je nach Dringlichkeit, die Emotionen mehr oder weniger schnell aus den Speicherzellen in den Emotionen Speicher pressen.

* * *

Die nahezu kugelförmigen Speicherzellen bestehen zum größten Teil aus einem weißen weichen, feinporigen Material, das den im Vergleich zur Speicherzelle sehr kleinen Umba-Sensor umhüllt. Die Fasern, mit denen der Umba-Sensor innerhalb der Speicherzelle befestigt ist, bündeln sich außerhalb mit den benachbarten und führen in dickeren Strängen zu den Speicherzellen der Sensus Organe und zum Emotionen Speicher.

Die Umba-Sensoren bestehen im Wesentlichen aus einem großen empfindsamen Sensor – dem sogenannten Schnobbel, einem kleinen Schirm, der den Schnobbel teilweise bedeckt, und einer Spange, die den Schnobbel festhält. Der Kontakt der Emotionen mit der hochviskosen empfindlichen Substanz des Schnobbels erzeugt eine große Spannung und lässt unterschiedlich geformte Spitzen, Bäumchen oder Stacheln entstehen. Die ursprünglich blassblaue Substanz nimmt dabei die Farbe der jeweiligen Emotionen-Energie an. Bei diesem Prozess wirkt der Schnobbel wie ein Verbraucher, der die Speicherzelle langsam entleert.

Die Verdrängung unangenehmer Emotionen wird von dem kleinen Schirm des Schnobbels umgesetzt. Er vergrößert sich aufgrund dieser Bemühungen und umhüllt den Sensor mitunter vollständig, sodass er mit den Emotionen nur mehr teilweise oder gar nicht in Kontakt treten kann. Sehr oft verbleibt im dicken Schirm jedoch noch ein kleiner Spalt, der je nach Befindlichkeit geschlossen oder geöffnet werden kann.

Eine vollständige Verdrängung ist nur mit äußerster Anstrengung aufrecht zu erhalten, da die aggressiven Emotionen, dazu gehören auch Angst und Panik, Trauer oder Traurigkeit und die sexuelle Gier, aber nicht die freudvolle Lust, eine auflösende Wirkung auf die verdrängungsbedingt aufgebauten Strukturen der Schirme ausüben. Somit lassen sich identifikationsbedingte Verdrängungsmaßnahmen am einfachsten und längsten aufrechterhalten, während schwere emotionale Krisen oder Krankheiten eine Kraftanstrengung benötigen, die der auflösenden Wirkung der Emotionen nicht mehr vollständig entgegentreten kann.

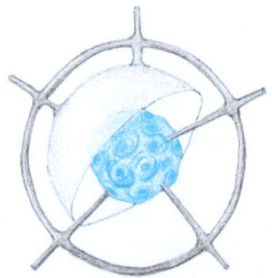

Das Bild zeigt einen der Umba-Sensoren im Detail. Im Zentrum ist der blassblaue, entspannte Schnobbel zu sehen, der von einem leicht durchsichtigen Schirm bedeckt ist.

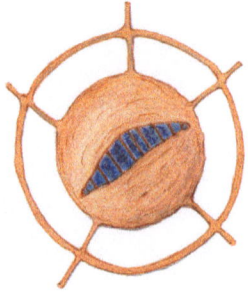

Das Bild zeigt das Beispiel eines Umba-Sensors, dessen Schirm den Schnobbel nahezu vollständig abdeckt. Der kleine Spalt, der hier in diesem Beispiel geöffnet ist, zeigt den von Traurigkeit dunkelblau gefärbten Schnobbel.

Quabber

In der Sammelkammer des Rachiing befindet sich der kleine Quabber – eine zweigeteilte kugelförmige Pumpe, die jenen verbliebenen Teil der Emotionen, der nicht sofort von den Speicherzellen aufgenommen wurde, verdichtet in den Schacht nach unten zum Varfater entlässt. Die Verdichtung der Energien ist aus zwei Gründen nötig: Einerseits braucht sie der Ingenium für seine energetischen Attacken in genau dieser Form und zweitens müssen sie eine gewisse Dichte aufweisen, um nicht von den Speicherzellen auf dem Weg dorthin aufgesogen zu werden.

Der Quabber ist, mit der Ansaugöffnung nach oben, mit wenigen Verstrebungen im Zentrum der Sammelkammer befestigt. In seinem Inneren befindet sich eine weiche verformbare Klappe, die abwechselnd entweder den oberen Eingang oder die beiden unteren Ausgänge verschließt. Die Bewegung der Klappe wird von mehreren dehnbaren Bändern geführt, die am Rand des oberen Eingangs befestigt sind. Der Innenraum ist mit dünnen weichen Rippen ausgekleidet, die, in der Mitte breiter werdend, längsseitig von oben nach unten führen.

Die Pumpe zieht sich im Bedarfsfall im Zehn-Sekunden-Takt rhythmisch zusammen und entspannt sich danach wieder. Dehnt sich die Pumpe aus, strömen die Emotionen durch die obere Öffnung aufgrund des Unterdrucks sehr schnell in die Kammer hinein und werden dabei gut durchmischt. Die Klappe wird dabei nach unten gedrückt und verschließt beide Ausgänge. Zieht sich die Pumpe zusammen, beginnen die Rippen im Innenraum stark zu vibrieren und entziehen den Emotionen Energie. Hat die Pumpe ihre kleinste Größe erreicht, wird die Klappe von den Bändern nach oben gezogen und gibt die beiden unteren Ausgänge frei, damit die verdichteten Energien ins Freie strömen können. Nun dehnt sich die Pumpe wieder aus, die Klappe wird von den hereinströmenden Energien nach unten gezogen und der Vorgang beginnt von neuem.

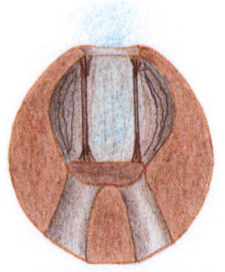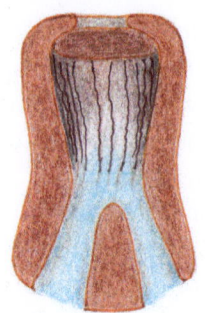

Die Bilder zeigen den Quabber beide Male im Längsschnitt. Im linken Bild zeigt sich die Pumpe in entspanntem Zustand – die verformbare Klappe verschließt die beiden unteren Ausgänge und die Energien strömen aufgrund des Unterdrucks in sie hinein. Im rechten Bild ist die Pumpe im Begriff, sich zusammenzuziehen. Die Klappe wird von den elastischen Bändern nach oben gezogen und verschließt den oberen Eingang. Die durchmischten und verdichteten, hier blau eingezeichneten Energien verlassen den Quabber durch die beiden unteren Ausgänge.

Ventilator im Varfater

In der Sammelkammer des Varfaters ist ein großer kegelförmiger, mit drei stark gewellten, nach unten breiter werdenden gefächerten Flügeln ausgestatteter Ventilator untergebracht, der die vom Rachiing für den bevorstehenden energetischen Angriff vorbereiteten, schweren Emotionen kräftig aufwirbelt, damit sich die zur Verdichtung neigenden Energien nicht am Boden der Kammer absetzen können. Verbleiben die Emotionen in der Sammelkammer, weil die Überstellung zum Ingenium ausbleibt, werden sie aufgrund der Verwirbelung mit Energie angereichert und später von den Speicherzellen aufgesogen.

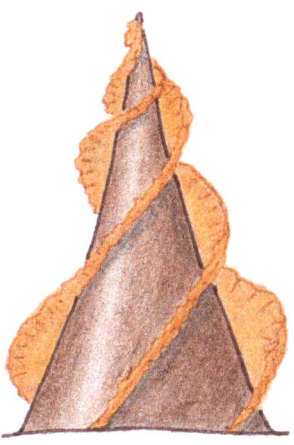

Das Bild zeigt den kegelförmigen Ventilator, der sich in der Sammelkammer des Varfaters befindet. Er ist mit drei, nach unten breiter werdenden Flügeln ausgestattet, die schraubenförmig im Uhrzeigersinn von seiner Spitze nach unten führen.

Ingenium Schleuse

Die kleine Schleuse, die sich in der hinteren Wand der Sammelkammer des Varfaters befindet, stellt eine Verbindung mit dem Ingenium her, der die Emotionen des Sensus in verdichteter Form für die Ausführung seiner energetischen Angriffe benötigt. Die Überstellung der Emotionen erfolgt schubweise und immer dann, wenn die Sammelkammer des Varfaters gefüllt ist. Er zieht sich dann mit Hilfe einer Klammer ruckweise zusammen und presst bei diesem Vorgang die Emotionen durch die kleine Schleuse.

Der Aufbau der Schleuse ist denkbar einfach: Sie besteht aus einem feinmaschigen Gitter, das beidseitig von einer dünnen pergamentartigen Membran umhüllt ist. Die Membran verschließt die Schleuse unter Normalbedingungen und wird erst dann für die dichten Energien durchlässig, wenn der Varfater einen großen Druck auf sie ausübt.

Sensus Organe

Die individuellen komplexen emotionalen Prozesse des Menschen wären ohne die Existenz der Sensus Organe lediglich abstrakte innere Vorgänge, die ihn kalt und leblos auf seine Mitmenschen wirken ließen. Die Sensus Organe haben daher die Aufgabe, mit ihren aktuell gespeicherten Emotionen auf alle energetischen und den physischen Körper systemübergreifend einzuwirken, sodass der Gesamteindruck des Menschen die aktuellen inneren emotionalen Abläufe widerspiegelt.

Den Sensus Organen sind dabei ganz bestimmte, individuell unabhängige emotionale Persönlichkeitsaspekte zugeordnet, die jedem einzelnen Organ eine eindeutig definierte Bandbreite von Emotionen zuteilt. Jene Emotionenmischung, die einen komplexen inneren emotionalen Zustand ausmacht, wird daher von den Sensus Organen aufgespalten und erhält einen räumlich auf das Organ beschränkten Wirkungsbereich. Da die in den Organen zwischenzeitlich gespeicherten Emotionen frequenzunabhängig auf die ihnen eindeutig zugeordneten Organe der anderen energetischen Körper und des physischen Körpers einwirken, beeinflussen sie damit ihre Funktionen und gefährden im Falle von aggressiven Energien auch ihre Gesundheit. Die Sensus Organe konfrontieren den Menschen darüber hinaus mit qualitativ in ihren Speichern vorhandenen Emotionen konformen Ereignissen und Begegnungen, die aufgrund der stark resonanten Wirkung der Energien entstehen.

Die Wahrnehmung der in den Sensus Organen gespeicherten Emotionen erfolgt von Sensoren mit, im Vergleich zu jenen des Sensus Herzens, emotional stark eingeschränkter Empfindsamkeit, die aber dennoch einen diffusen Eindruck der ursprünglichen Emotion erzeugen. Dies gilt jedoch nicht für die Sensoren jener Sensus Organe, die den Geschlechtsorganen des Menschen zugeordnet sind. Sie sind wesentlich empfindlicher als die des Sensus Herzens und erleben die gesamte Bandbreite der sexuellen Lust.

Trotz eingeschränkter Empfindsamkeit und Wahrnehmungsbandbreite sind auch die Sensoren der Sensus Organe in der Lage, Verdrängungsbemühungen umzusetzen, die immer zeitgleich mit denen des Sensus Herzens stattfinden und vom Wastern aufgrund aktueller Befindlichkeiten und Begebenheiten initiiert werden. Die endgültige Verdrängung der Emotionen in den Emotionen Speicher erfolgt jedoch mit Hilfe von elastischen Bändern, die das gesamte Sensus Organ zusammenpressen und die Speicherzellen stetig oder schubweise, teilweise oder ganz entleeren.

Je öfter sich der Mensch in emotionalen Ausnahmezuständen befindet, die, sei es aufgrund ungesunder emotionaler Befindlichkeiten oder schwieriger bis traumatischer Ereignisse, unweigerlich zu einer langen Verweildauer von aggressiven Emotionen im Sensus System führen, desto größer wird die Gefahr, dass die jeweiligen energetischen Strukturen und die betroffenen physischen Organe darunter leiden. Daraus resultierende Krankheiten, die sich anhand der Qualität der Emotion entwickeln und aus der jeweiligen emotionalen Bedeutung des Organs ergeben, sagen daher sehr viel über mentale Befindlichkeiten, negative Angewohnheiten und egoistische Ansprüche aus.

***

Die Sensus Organe bestehen aus jeweils einer kleinen Steuerungszentrale, die im Zentrum des Sensus Organs untergebracht ist, ein bis zwei unterschiedlich großen und verschieden geformten Emotionen-Elementen und einer kleinen Verteilerkammer, die, als Bestandteil des Regenerationssystems zwischen den Emotionen-Elementen eingebettet, ein heilendes Gel in das Innere des Organs entlässt. Umba-Generatoren findet man in den Sensus Organen keine.

Die Emotionen-Elemente, die oftmals auch in kompliziertester Weise miteinander verwoben sind, bestehen aus unzähligen kleinen, mit Umba-Sensoren ausgestatteten Speicherzellen, die in kleineren Gruppen zusammengefasst mit Hilfe eines netzartigen

Gewebes ihren Platz im Organ zugewiesen bekommen. Das netz-
artige Gewebe ist mit elastischen Bändern versehen, die sich entweder langsam stetig oder ruckartig schnell zusammenziehen können, um die Emotionen in den Emotionen Speicher abzuschieben.

Die Umba-Sensoren der Sensus Organe gleichen in Funktion und
Bauweise jenen des Sensus Herzens, sprechen jedoch lediglich auf
eine eingeschränkte Bandbreite von Emotionen an und definieren
damit die Emotionenmischung, die das Sensus Organ zu verarbeiten in der Lage ist. Sie sind mittels dünner Fasern, die sowohl Emotionen als auch Informationsimpulse transportieren, im Zentrum
des saugfähigen Gewebes der Speicherzellen fixiert. Diese Fasern
führen aus der Speicherzelle heraus und bündeln sich mit denen
der benachbarten Zellen, sodass immer dickere Stränge entstehen, die an der Unterseite des Emotionen-Elements zusammenlaufen und von dort entweder zum Sensus Herz oder zum Emotionen Speicher führen.

Die mitunter sehr lange Verweildauer aggressiver Emotionen in
den Sensus Organen setzt den sensiblen Strukturen und Geweben
der Speicherzellen und Sensoren sehr zu, sodass auf regenerierende Maßnahmen nicht verzichtet werden kann. Die Sensus Organe
werden daher mit Hilfe einer kleinen Verteilerkammer, die mit der
zentralen Versorgungspumpe des Regenerationssystems des Sensus verbunden ist, mit einem heilenden Gel versorgt. Das heilende
Gel soll vor allem präventiv gegen energetische Verunreinigungen
wirken, löst aber auch bereits vorhandene harte Verkrustungen
von den empfindlichen Strukturen und belebt vertrocknete oder
zerstörte Sensoren. Reparaturbedürftige Gewebe werden zusätzlich von kleinen autonomen Reparatur-Robotern, den sogenannten Minilys, versorgt.

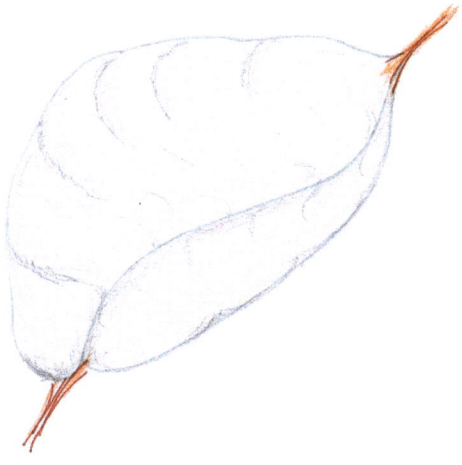

Das Bild zeigt eines der kleineren Sensus Organe im Detail. Es besteht aus zwei unterschiedlich geformten Emotionen-Elementen, die gegengleich zusammengesetzt sind. Die gebündelten Faserstränge, die die Emotionen-Elemente an ihrer Unterseite, hier im Bild links unten und rechts oben, verlassen, verbinden die Speicherzellen des Sensus Organs mit den Speicherzellen und dem Wastern des Sensus Herzens und mit dem Emotionen Speicher.

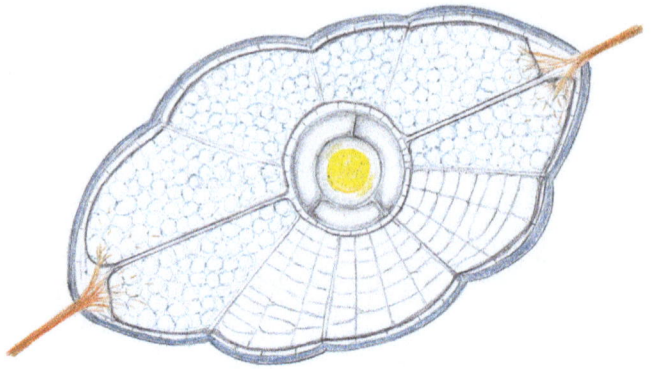

Das Bild zeigt eines der größeren Sensus Organe im Längsschnitt. Es besteht ebenfalls aus zwei Emotionen Elementen, die in mehrere Kammern unterteilt ein Netz aufnehmen, das den Speicherzellen ihren Platz im Organ zuweist. Im Zentrum ist die Steuerungszentrale mit dem gelben Kern und den wenigen Verteilerkammern zu sehen.

Steuerungszentrale

Die Steuerungszentrale, die sich im Zentrum des Sensus Organs befindet, hat die Aufgabe, den Anweisungen des Wasterns Folge zu leisten, um entweder die Verdrängung unangenehmer Energien einzuleiten oder die durch Verdrängung aufgebauten Strukturen so zu schwächen, dass der Mensch seinen Emotionen wieder näher kommt. Sie übermittelt außerdem Anweisungen an den Emotionen Speicher, der an aktuelle Begebenheiten anknüpfende vergangene, dazu passende Emotionenmischungen befreit und zum Sensus Organ zur weiteren Verarbeitung zurückströmen lässt.

***

Die Steuerungszentrale ist weit einfacher aufgebaut als der Wastern des Sensus Herzens und, abhängig von der Größe des Sensus Organs, unterschiedlich groß. Sie besteht aus einem großen gelben Kern, der das Kraftfeld aufbaut, einer Kammer, in der der Kern untergebracht ist, den im Vergleich zum Wastern wenigen Verteilerkammern, die rund um die große Kammer angeordnet sind, und den Verbindungsröhrchen, die die Informationsimpulse an dünne Fasern übergeben.

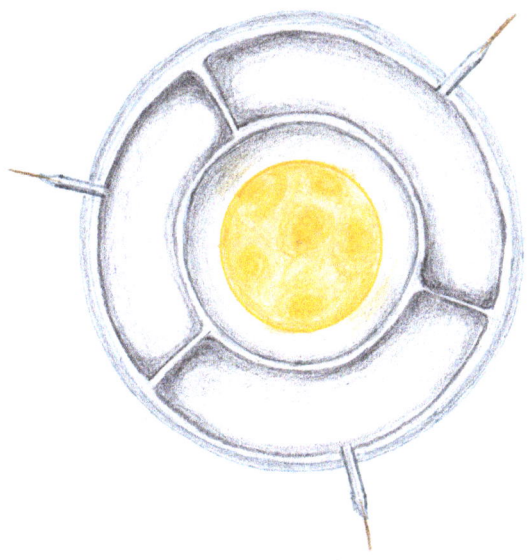

Das Bild zeigt das Beispiel einer eher kleinen Steuerungszentrale im Querschnitt. Der große gelbe Kern hält sich allein durch die starke Intensität seines Kraftfeldes im Zentrum der Kammer und benötigt keinerlei Befestigungsstrukturen. Von den wenigen Verteilerkammern führen dünne Röhrchen weg, die ihre Informationsimpulse gleich im Anschluss an feine Fasern übergeben.

Emotionen Speicher

Im Idealfall setzt sich der Mensch mit den alltäglichen Begebenheiten des Lebens kritisch auseinander und erlebt und fühlt
die von seinen Befindlichkeiten veranlassten und vom Sensus
System erzeugten Emotionen. Der emotionale Haushalt ist dadurch ausgeglichen und die von den Umba-Generatoren beige-
steuerten und von den Speicherzellen gepufferten Emotionen
können von den Umba-Sensoren zeitgleich verbraucht werden.
Dies trifft jedoch nicht zu, wenn die Umba-Sensoren die Emotionen ablehnen oder aufgrund emotionaler Ausnahmezustände
zu große Mengen in zu kurzer Zeit erzeugt werden. Das Sensus
System ist daher aus diesen Gründen mit einer Speicherstruktur
größerer Kapazität ausgestattet, die sehr schnell eine sehr große Flut verdrängter Emotionen aufzunehmen imstande ist und
komprimiert abspeichert.

Die erfolgreiche Verdrängung schützt den Menschen jedoch nicht
vor der Aufarbeitung der gespeicherten abgelehnten Emotionen,
sondern verschiebt sie lediglich auf einen späteren Zeitpunkt.
Ausgelöst durch unterschiedlichste Anlässe, wie quälende Gedankenprozesse, Begegnungen mit unangenehmen Mitmenschen
oder emotional herausfordernde Situationen, drängen sie unablässig zurück zu den Sensus Organen oder zum Sensus Herz und
konfrontieren den Menschen erneut mit seiner emotionalen Vergangenheit. Zumeist werden jedoch die rückläufigen Emotionen
gemeinsam mit den neu erzeugten sofort wieder verdrängt und
die Gelegenheit verabsäumt, den Emotionen Speicher zu entlasten. Obwohl die Speicherkapazität des Emotionen Speichers aufgrund der komprimierten, energielosen Form der Emotionen sehr
groß ist, erreicht er dennoch zu gegebener Zeit die Grenzen seiner
Auslastung. Der dadurch immer größer werdende Druck der vom
Speicher ins System drängenden Emotionen verursacht immer öfter massive emotionale Ausbrüche, die die Dringlichkeit der Aufarbeitung deutlich zeigen und, wenn der Mensch weiterhin die

konstruktive Auseinandersetzung verweigert, zu handlungsunfä-
higen apathischen Zuständen führt.

* * *

Der Emotionen-Speicher befindet sich direkt unterhalb der harten
Schutzhülle des Sensus Körpers. Er besteht aus kleinen, eng aneinandergereihten kugelförmigen Speicherperlen, die jeweils, mittels
feiner Fasern, mit genau einem Umba-Sensor des Sensus Herzens
oder der Sensus Organe verbunden sind. Der Speicherbereich ist
mit einer hochviskosen, im Idealfall klaren Substanz gefüllt, die das
Innere der Speicherperlen nährt und eine isolierende und dämp-
fende Aufgabe zu erfüllen hat.

Die Speicherperlen bestehen aus unzähligen kleinen Speicherzellen,
die lose dicht an dicht aneinandergereiht sind. Sie sind jeweils von
einem festen undurchlässigen Gewebe umhüllt, das der gelartigen,
blassblauen Substanz in ihrem Inneren Struktur gibt. Das ursprünglich klare Speichermedium nimmt die komprimierten energielosen
Emotionen auf, wodurch die Speicherzelle etwas schrumpft und
die Farbe der gespeicherten Emotionen annimmt.

Im Zentrum jeder Speicherperle befindet sich eine kleine, mit Längsschlitzen ausgestattete Quabberkammer, die, nochmal in einer
großen geschlossenen Sammelkammer untergebracht, die vom
Umba-Sensor verdrängten Emotionen übernimmt. In der Quabberkammer befindet sich der kleine Quabber – eine äußerst leis-
tungsfähige Pumpe, die den ankommenden Emotionen die Energie
entzieht, sodass sie in stark komprimierter Form in den Speicherzellen untergebracht werden können.

Der kleine, kugelförmige Quabber ist mit fünf ovalen, ungleich
großen Ansaugöffnungen ausgestattet, die an der Innenseite mit
jeweils einem kurzen, weichen, gegen Ende schlanker werdenden
Schlauch besetzt sind. Die Schläuche verengen sich und verschließen

die Ansaugöffnungen, wenn sich der Quabber zusammenzieht. Der Innenraum des Quabbers ist mit breiten weichen Rippen ausgekleidet, die den Emotionen während des Verdichtungsvorganges Energie entziehen. An der Oberseite des Quabbers befindet sich eine kleine Öffnung, durch die die verdichteten Emotionen in einen kurzen Kanal entlassen werden. Der Kanal verjüngt sich am Ende und klemmt auf diese Weise dünne Verbindungsfasern fest, die jeweils zu einer der Zellen im Inneren der Speicherperle führen. Sie nehmen aufgrund des Drucks, den der Quabber ausübt, die dickflüssigen Energien auf und geleiten sie mittels Diffusion an ihren Bestimmungsort.

Der Quabber arbeitet anlassbedingt, wenn die in der Quabberkammer angesammelten Emotionen einen genügend großen Druck auf ihn ausüben. Sie pressen den anfangs entspannten Quabber immer mehr zusammen, bis er einen Punkt erreicht, an dem er sich plötzlich ganz zusammenzieht, dann sehr schnell wieder ausdehnt und dadurch die umliegenden Emotionen in sein Inneres saugt. Nun zieht er sich langsam vibrierend zusammen, komprimiert dabei die vormals gasförmigen Energien und sendet sie in dickflüssigem Zustand zu den Speicherzellen. Ist der Druck der umliegenden Emotionen groß genug, dehnt sich der Quabber wieder aus und der Vorgang beginnt von neuem.

Damit sich die verdichteten Emotionen aus den Speicherzellen der Speicherperlen wieder lösen können, benötigen sie Energie, die im Bedarfsfall vom Energie-Versorgungssystem bereitgestellt wird. Der Vorgang wird vom Ingenium initiiert, der entsprechende Signale an den Wastern des Sensus Herzens oder die Steuerungszentralen der Sensus Organe übermittelt. Der Wastern, oder die Steuerungszentralen der Sensus Organe, leitet die Informationen über die dafür zuständigen Umba-Sensoren an die jeweiligen Speicherperlen im Emotionen Speicher weiter.

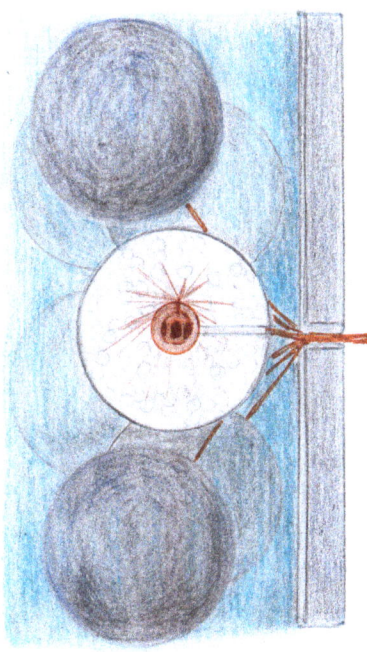

Die schwache Energie der Signale löst die starr eingebetteten Emotionen aus den Speicherzellen, sodass sie in dickflüssiger Form in Bewegung geraten. Auf dem Weg zum Quabber nehmen die Emotionen Energie auf und fluten nun bereits dünnflüssig seine Kammer. Dort wird ihnen nochmals Energie zugeführt, sodass sie den Quabber, der bei diesem Prozess seine Schleusen öffnet, in gasförmigem Zustand verlassen und zurück zu den jeweiligen Umba-Sensoren fließen.

Das Bild zeigt einen kleinen Ausschnitt des Emotionen Speichers im Detail. Die Speicherperlen, die abhängig von der Qualität der gespeicherten Emotionen eine jeweils andere Färbung aufweisen, sind in einer hochviskosen, im Idealfall klaren Flüssigkeit eingebettet. Eine der Speicherperlen ist hier im Querschnitt dargestellt und zeigt die große Sammelkammer in der Mitte mit den vielen kleinen, der besseren Kenntlichkeit wegen leeren Speicherzellen, die darum herum angeordnet sind. Rechts im Bild sind die Verbindungsfasern zu erkennen, die von den Speicherperlen zu den Umba-Sensoren führen.

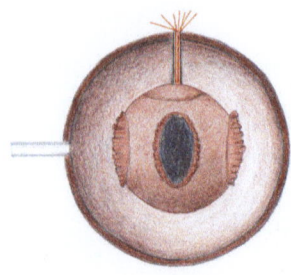

Das Bild zeigt die Sammelkammer der Speicherperle im Querschnitt. Rechts im Bild ist der Kanal zu erkennen, der die gasförmigen Emotionen vom Eingang der Speicherzelle zur Sammelkammer leitet. Im Zentrum ist die Quabberkammer mit ihren breiten Längsschlitzen untergebracht, deren fächerartige Flügel die Emotionen in Bewegung halten. Im Bild oben sind die dünnen Verbindungsfasern zu sehen, die die Quabberkammer mit den Speicherzellen verbindet.

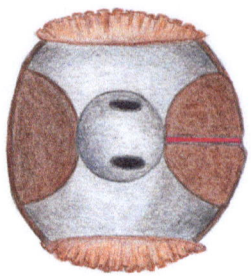

Das Bild zeigt die Quabberkammer im Längsschnitt. Im Zentrum der Kammer befindet sich der Quabber, der hier in entspanntem Zustand und mit geöffneten Eingängen zu sehen ist. Die verdichteten Energien verlassen den Quabber an seiner Oberseite und fließen durch einen dünnen Kanal nach oben.

Regenerationssysteme

Emotionale Ausnahmezustände und identifikationsbedingte Verdrängungsmaßnahmen führen zu langen Aufenthaltszeiten aggressiver Emotionen im Sensus System, die den empfindlichen Strukturen stark zusetzen können. Aus diesen Gründen ist der Sensus mit einem aufwändigen Regenerationssystem ausgestattet, das zunächst und vor allem schützend zerstörerischen Kräften entgegenwirkt, belebend und regenerierend leicht beschädigte Strukturen erneuert, aber auch massivere Defekte wiederherzustellen in der Lage ist.

Die wichtigste Zutat dieses Systems ist ein heilendes Gel, das von der göttlichen Instanz ins Innere des Sensus geleitet wird und mit Hilfe eines einfachen Versorgungs-Systems auf das Sensus Herz und die Sensus Organe verteilt wird. Aber auch der Innenraum des Sensus wird präventiv mit einem besänftigenden Gas versorgt, das von einem kleinen Generator im unteren Bereich des Sensus erzeugt wird. Es entsteht dadurch im Idealfall eine dichte, gasförmige Atmosphäre, die diffundierende Emotionen-Energien verfestigt und absinken lässt. Die rund um den Generator angeordneten Absorptionszellen nehmen die energetischen Verunreinigungen auf und entsorgen sie mit Hilfe ihrer Umba-Sensoren.

Beschädigte Zellgewebe und Strukturen der Sensus Organe und des Sensus Herzens werden zusätzlich von kleinen Reparatur-Robotern, den Minilys, gepflegt. Die kleinen autonomen fünfbeinigen Wesen sind mit unterschiedlichen Werkzeugen ausgestattet, mit deren Hilfe in Mitleidenschaft gezogene Stellen ausgebessert und empfindliche Gewebe von Verkrustungen und klebrigen Schleim befreit werden können.

Regenerationssystem des Sensus Herzens

Das Sensus Herz verfügt als einziges Organ über eine direkte Versorgung mit heilendem Gel. Es wird mit Hilfe von sechs dünnen Röhrchen in die große Sammelkammer des Rachiing und die kleinere Kammer des Varfaters geleitet. Von dort verteilt es sich aufgrund der saugfähigen Speicherzellen sehr schnell im gesamten Sensus Herz, wodurch einerseits eine beruhigende und besänftigende Wirkung auf die Umba-Generatoren ausgeübt wird und andererseits die Gewebe geschmeidig und die Sensoren gesund erhalten werden sollen. Die heilenden Substanzen beugen außerdem energetischen Verunreinigungen vor und sorgen somit für eine angenehme, gesunde Atmosphäre im Sensus Herz.

Sind emotionale Ausnahmezustände die Regel, kann die Versorgung mit heilendem Gel aufgrund überhandnehmender energetischer Verunreinigungen auch zusammenbrechen. Die dünnen Kanäle verkleben und das Sensus Herz muss vorläufig auf die heilende Wirkung des Gels verzichten. Erst wenn der emotionale Haushalt wieder ins Gleichgewicht gekommen ist, reinigen sich die Röhrchen aufgrund der nachströmenden Substanzen von selbst und die heilenden Prozesse kommen wieder in Gang.

Zentrales Versorgungssystem mit heilendem Gel

Das Versorgungssystem arbeitet mit Hilfe einer zentralen Pumpe, die die kostbaren Substanzen mittels eines Kanals aufnimmt und auf kleine Verteilerkammern aufteilt, von denen eine zwischen den Speicherzellen im Varfater des Sensus Herzens, je ein bis zwei zwischen den Emotionen-Elementen der Sensus Organe und mehrere zwischen den Absorptionszellen im unteren Bereich des Sensus zu finden sind.

Die zentrale Pumpe besitzt einen aufrecht, unterhalb des Sensus Herzens angeordneten, zylindrischen Körper, der mit einem großen, aus unzähligen Flügeln bestehenden Fächerwerk ausgestattet ist. Vom Zylindermantel führt ein etwas dickerer Kanal zur göttlichen Instanz und mehrere dünne Kanäle zu den Verteilerkammern der Sensus Organe.

Die Flügel des Fächerwerks bestehen aus einem sehr dünnen, aber steifen Material, das in Längsrichtung einen Schlitz aufweist. Der Schlitz ist mit einem weichen, plissierten Gewebe besetzt, das sich aufbläht, wenn sich der Flügel sehr schnell bewegt. Damit das heilende, leicht klumpende Gel geschmeidig bleibt, sind alle Flügel des Fächerwerks ständig in Bewegung. Zusätzlich bewegen sich jeweils drei bis vier dieser Flügel sehr schnell aufeinander zu und erzeugen damit einen großen Druck, der die Eingänge der Zuleitung und der Kanäle, die von der Pumpe zu den Verteilerkammern führen, freihalten soll.

Die im Vergleich zur zentralen Pumpe wesentlich kleineren, zylindrischen Verteilerkammern sind ebenfalls mit einem Fächerwerk ausgestattet, das jedoch mit etwas weniger und derberen Flügeln ausgestattet ist. Der Mantel der Verteilerkammern ist mit unzähligen kleinen Poren übersät, die sich aufgrund des Drucks, den die Flügel des Fächerwerks auf sie ausüben, öffnen und das heilende Gel ins Innere des Organs entlassen.

Das Bild zeigt die zentrale Pumpe mit dem Fächerwerk im Längsschnitt. Die Versorgung mit heilendem Gel erfolgt mit Hilfe eines etwas dickeren Kanals, der von oben zur Pumpe führt. Im Bild links unten sind einige der Kanäle eingezeichnet, die die Pumpe mit den Verteilerkammern verbinden.

Atmosphäre im Inneren des Sensus Körpers

Im Inneren eines gesunden Sensus Körpers befindet sich eine dichte, gasförmige Atmosphäre, die eine wohltuende und besänftigende Wirkung auf die Sensus Organe ausübt und energetische Verunreinigungen, die aufgrund von diffundierenden Emotionengasen entstehen, bindet und verfestigt. Die schwer gewordenen Emotionenreste sinken daraufhin zu Boden, werden dort mit Hilfe von eigens dafür vorgesehenen Absorptionszellen wieder verflüssigt und in weiterer Folge entsorgt.

Das wohltuende Gas wird von einem kleinen Generator erzeugt, der, zwischen den Absorptionszellen eingebettet, im unteren Teil des Sensus untergebracht ist. Sein zwiebelförmiger Körper ist mit sieben gefächerten Flügeln besetzt, die sich von seiner Spitze schraubenförmig bis zu seinem Fuß ziehen. Durch starke Vibration der Flügel wird die neutrale Umgebungsenergie verdichtet, geprägt und verteilt, sodass sich das anfänglich dünne Gas im Inneren des Sensus zu einer seidig weichen Atmosphäre verdichtet.

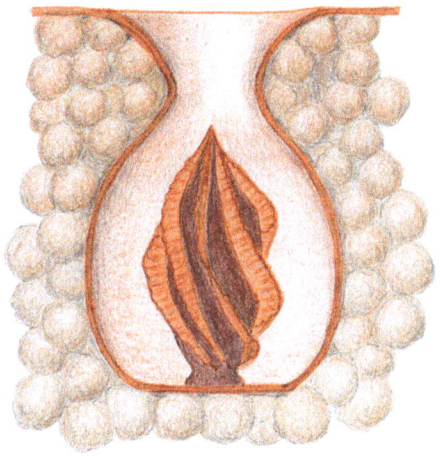

Das Bild zeigt den kleinen Generator, der im unteren Teil des Sensus zwischen den Absorptionszellen untergebracht ist. Er erzeugt durch Vibration seiner Flügel ein wohltuendes und reinigendes Gas, das durch den Schacht aufsteigt und sich im Inneren des Körpers zu einer seidig weichen Atmosphäre verdichtet.

Die Absorptionszellen bestehen, wie die Speicherzellen der Sensus Organe auch, aus einem Umba-Sensor, der die Emotionenreste verbraucht und einem weichen und saugfähigen Gewebe, das den Sensor umgibt. Anders als die Speicherzellen der Sensus Organe, die lediglich die sie umgebenden gasförmigen Emotionen aufsaugen, müssen die an der Oberfläche befindlichen Absorptionszellen in der Lage sein, die verfestigten Bestandteile der Emotionenreste aufzunehmen und zu verflüssigen. Sie dehnen sich daher rhythmisch im Fünf-Sekunden-Takt aus, um die Poren ihrer Schutzhülle zu öffnen und die dort angelagerten Emotionenreste einzusaugen. Die Schutzhülle, die die oberste Reihe der Absorptionszellen bedeckt, ist löchrig und bildet bei diesem Prozess kein Hindernis. Das Gewebe der Absorptionszellen führt den aufgenommenen Teilchen Energie zu, die daraufhin ihren Aggregatszustand ändern und nun in gasförmigen Zustand entweder von den Umba-Sensoren verbraucht oder an die tiefer gelegenen Absorptionszellen weitergeleitet werden.

Die Umba-Sensoren der Absorptionszellen sind, wenn auch sehr eingeschränkt, in der Lage, die ihnen zugeführten Emotionenabfälle diffus wahrzunehmen. Verdrängungsbemühungen haben allerdings keine Auswirkungen auf die unterentwickelten kleinen Schirme der Sensoren und können den Schnobbel nicht von den Emotionenresten trennen.

Treten emotionale Ausnahmezustände häufiger auf, besteht die Gefahr, dass die Versorgung der Absorptionszellen mit heilendem Gel aussetzt, weil sich die Poren der Verteilerkammern, von denen mehrere zwischen den Absorptionszellen eingebettet sind, verlegen oder der Nachschub versiegt. Meist zeitgleich setzen sich am Generator klebrige Emotionenreste ab, die seine Flügel nach und nach erlahmen lassen. Die Absorptionszellen können die aufgrund der immer spärlicher werdenden Atmosphäre zäh gebliebenen, spinnwebartigen Emotionenabfälle nicht mehr aufsaugen und stellen ebenfalls ihre Arbeit ein. Die energetischen Verunreinigungen nehmen daraufhin im gesamten System überhand und können zu irrationalen, emotionsgeladenen Anfällen führen, die die Situation zusätzlich verschlimmern. Gleichgültig wie sehr der Generator und die Absorptionszellen auch gelitten haben, setzt die Versorgung mit heilendem Gel wieder ein, können sich die zähen, klebrigen Verunreinigungen und harten Verkrustungen auflösen und etwaige Verletzungen abheilen.

Minilys

Zerstörte Strukturen und verletzte Gewebe können nicht alleine aufgrund der Anwesenheit eines heilenden Gels genesen. Sie benötigen die unermüdlich arbeitenden Minilys, die mit ihren Werkzeugen in der Lage sind, gröbere Defekte wie Risse, Löcher und verschlissene Gewebe wiederherzurichten und durch direkten Einsatz der heilenden Substanzen besonders hartnäckige Verkrustungen aufzulösen.

Die Minilys, von denen jeweils mehrere zwischen den Speicherzellen der Organe und den Absorptionszellen zu finden sind, besitzen einen kleinen runden Körper mit fünf Beinchen, deren Pfoten mit Nadeln und Bürsten ausgestattet sind. Im Inneren des runden Körpers ist eine große Speicherblase untergebracht, die mit Hilfe eines kleinen Röhrchens bei den Verteilerkammern aufgetankt werden kann. Das heilende Gel wird von der großen Speicherblase mit Hilfe von immer kleiner werdenden, zusammenhängenden Blasen, die durch Klappen voneinander getrennt sind, zu den Pfoten transportiert und mit Hilfe der Nadeln direkt ins verletzte Gewebe injiziert.

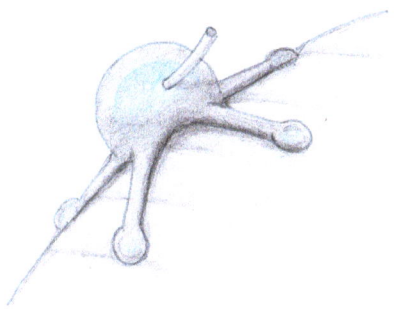

Das Bild zeigt eines der Minilys im Detail. Der durchsichtige Körper lässt das hellblaue Gel durchscheinen.

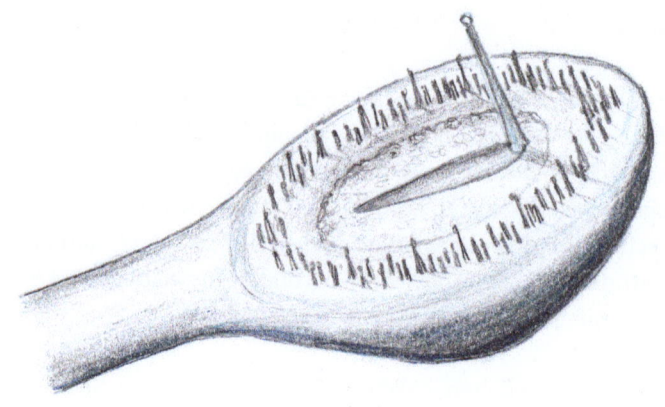

Auf dem Bild ist eine Pfote der Minilys im Detail zu sehen. Die große Nadel in der Mitte der Pfote kann umgeklappt werden, sodass sie bei der Fortbewegung nicht im Weg ist.

Logica

Die Fähigkeiten logisch zu denken, Wissen zu erwerben und sinnvoll anzuwenden, realisierbare Wünsche zu formulieren und Entscheidungen zu treffen, sind in dieser Komplexität und Ausdrucksstärke ausschließlich dem Menschen vorbehalten und befähigen ihn unabhängig von kollektiven Ansichten und Meinungen zu außerordentlichen Leistungen. Die Kraft und die Klarheit der Gedanken, gepaart mit großer Konzentrationsfähigkeit, sind äußerst machtvolle Instrumente und unabdingbar, um ein Leben frei von manipulativen Einflüssen und Abhängigkeiten führen zu können.

Die Strukturen, die diese außerordentlichen herausragenden Geistestätigkeiten zu leisten imstande sind, werden vom Logica bereitgestellt, der die dafür nötigen komplizierten Denkprozesse abzubilden und umzusetzen imstande ist.

Bedeutung

Der Logica, der ansonsten relativ unabhängig in der geordneten Kette der energetischen Systeme wirkt, ist, abgesehen vom Ingenium, der als koordinative Instanz der menschlichen Persönlichkeit dessen egoistische Anliegen umsetzt, mit seinen Gedankensaaten Auslöser für die meisten emotionalen Aktivitäten des Sensus und darüber hinaus, obwohl dem Ingenium untergeordnet, Initiator vieler Prozesse, die auf der Ebene der egoistischen Ausdrucks- und Handlungsfähigkeit nach Verwirklichung streben. Die energetischen Strukturen des Logica ermöglichen dem Menschen daher ein intelligentes und schöpferisch tätiges Leben, das ihn zielgerichtet und selbstbestimmt in einer leistungsorientieren Gesellschaft bestehen lässt.

Konzentrationsfähigkeit – nebst Fleiß und Ausdauer das Mittel schlechthin auf dem Weg zu einer herausragenden Intelligenz – ist eine Fähigkeit, die erst mühsam entwickelt werden muss und in Zeiten intellektueller Passivität sehr schnell auch wieder verloren geht. Der Logica ist nämlich nicht von vornherein dergestalt aufgebaut, dass der Mensch beliebig komplexe Ideen und Theorien verstehen, entwickeln und weiterentwickeln könnte. Sein Aufbau ist exakt an die derzeitig ablaufenden Denkprozesse und die normalen Anforderungen des täglichen Lebens angepasst und die Bemühungen komplexe Theorien zu verstehen oder neue zu entwickeln und Bestrebungen, eingefahrene Überzeugungen zu überdenken, sind daher deswegen so anstrengende, mitunter beinharte Prozesse, weil die energetischen Strukturen des Logica erst entsprechend adaptiert werden müssen und das dazu benötigte Wissen in seinen energetischen Strukturen nicht nur gespeichert, sondern auch gesichert und schnell zugreifbar zur Verfügung stehen muss.

Sind Vernunft und geistiges Vermögen Eigenschaften, die gemeinhin als Begabungen bezeichnet werden, sind es doch mehr die sozialen und gesellschaftlichen Bedingungen, die bestimmen, inwieweit dem Menschen gestattet ist, sich zu bilden und intellektuell herauszufordern. Bringt der Mensch einiges Entwickeltes aus seinen Vorleben mit, so entscheidet jetzt traurigerweise gleich meist zu Beginn das Umfeld seiner Kindheit darüber, ob Herausragendes, Weltbewegendes in seinem Leben geleistet werden kann.

Haben die gesellschaftlichen Rahmenbedingungen, beginnend in einer ablehnenden Familie und fortgesetzt in einem frühpädagogischen Umfeld, in dem die Kindererziehung nicht genug wertgeschätzt und von der Gesellschaft entsprechend unterstützt wird, versagt, und dies gilt in einer patriarchalisch orientierten Gesellschaft für Frauen noch mehr als für Männer, fehlt unseren Kindern zunächst die Betreuung durch liebevolle Eltern und später die anspruchsvolle geistige Anregung und Förderung von Begabungen durch selbstbewusste, gut bezahlte Erzieher und Lehrer.

Dies hat zur Folge, dass das Entwicklungspotential vieler Kinder nicht ausgeschöpft wird und der erwachsene Mensch auf einem geistig niedrigen Niveau verbleibt und darüber hinaus der Gesellschaft wertvolle Ressourcen verloren gegangen sind. Der Logica präsentiert sich dann in einem entsprechend schlechten Zustand und leidet noch zusätzlich unter vorgefertigten Meinungen und starren Überzeugungen, die den vernetzenden Strukturen festgelegte Bahnen aufzwingen und für eine weitere geistige Unbeweglichkeit sorgen. Der Mensch verfängt sich dann sehr leicht in irrationalen, von realen Fixpunkten weit entfernten Gedankengespinsten, die, wie schon oben erwähnt, als sogenannte Gedankensaaten dem rationalen Aspekt einen emotionalen hinzufügen.

Gedanken können, anders als Emotionen, nicht verdrängt oder abseits vom Bewusstsein erschaffen werden, dennoch erlangen vorgefertigte Meinungen und starre Überzeugungen eine gewisse Transparenz, da sie bar jeden Zweifels zu dieser Erkenntnis geführt haben. Die automatisierten Denkmuster schränken die Vielfalt an Möglichkeiten und Lösungen auf wenige ein, die vorgegebenen Endergebnisse erfüllen sich und vertiefen den Glauben an vorhandene Überzeugungen noch zusätzlich. Der emotionale Stress, der in diesen aussichtslosen Situationen entsteht, vermindert die Erfolgsaussichten noch zusätzlich.

Anatomie und Funktionsweise

Der Logica besitzt einen eiförmigen Körper, gleich groß wie der Sensus, mit auffällig großen Kanälen ausgestattet. Seine sensiblen Organe sind von einer sehr harten und dicken Schutzhülle umgeben, die den Kanälen an der Oberseite einen Durchlass bieten.

Im Zentrum des Logica dominiert das große Logica Herz. Es besteht größtenteils aus unterschiedlich vielen und großen, aktiven und schlaffen Gedankenzellen, die mit Hilfe eines mit Synapsen bestückten und idealerweise dicht verzweigten, neuronalen Netzwerks verbunden sind. Die intelligente Steuerung wird vom Vesostern durchgeführt, der aufgegliederte Bereiche, unterschiedlich gewidmet, ansteuert. Die Anzahl der Gedankenzellen ist variabel an die Intelligenz des Menschen und an seinen Talentepool angepasst, ebenso das Netzwerk, an dessen Komplexität, die individuelle talentebezogene Obergrenzen aufweist, das Auffassungsvermögen gemessen werden kann.

Man findet in der Vernetzung außerdem abgetrennte Bereiche, die logische, unterbewusst arbeitende Kleineinheiten bilden, die durch Faulheit, traumatischen Stress oder durch ein Bündel von vorgefertigten Meinungen und Vorurteilen entstanden sind. Die intensive konzentrierte Arbeit gliedert nicht nur vereinzelte Bereiche wieder ein und verdichtet die Vernetzung, es entstehen außerdem an Stellen intellektueller Flaschenhälse neue Gedankenzellen, die sich aus bestehenden auffalten. Die Vernetzung zieht unmittelbar nach.

Das Logica Herz besitzt einen Bereich, der eine direkte Verbindung mit dem Gehirn des Menschen herstellt, und zwar mit der Gehirnrinde, die einen elektronischen Übergangsbereich der Gedankenimpulse in beide Richtungen definiert.

Die Entwicklung und die Umsetzung von Ideen und Plänen wird von Elementalen unterstützt, eine Struktur, die, durch die konzentrierte Entwicklung einer Idee erzeugt, auf Basis resonanter Energien den Vorhaben und Plänen des Menschen erst die nötige Umsetzungskraft verleiht. Solange der Mensch an der Idee wirkt und damit mit ihrer Struktur verbunden bleibt, streben sie nach Verwirklichung und formen die erforderlichen Bedingungen und Begegnungen, ersetzen aber niemals die Durchsetzungshärte und die harte Arbeit der Vollendung. Die genauere Beschreibung folgt später.

Die Denkprozesse des Logica Herzens werden auf zweierlei Arten von der göttlichen Instanz unterstützt: erstens durch ein Bündel dünner Röhrchen – dem Divinos-Kanal, der einen von Mensch zu Mensch unterschiedlich starken Strom von inspirierend wirkenden

Impulsen aufnimmt – und zweitens durch den Krethouw, dessen bereichernde Impulse, ebenfalls unterschiedlich und talenteabhängig, den intensiv arbeitenden Menschen mit einem intelligenten Ideenreichtum beschenkt.

Die Logica Organe sind rund um das Logica Herz angeordnet und mit ihm verbunden. Die Steuerungszentralen in ihrem Zentrum entziehen den Impulsen der laufenden Gedankenprozesse Gedankenfragmente, die dem Organ zugeordnete, ihren Persönlichkeitsteilaspekt repräsentierende, bestimmte Glaubenssätze diffus definieren. Die Streuung der Impulse innerhalb des Organs erfolgt mittels der weitaus größeren Gedankenzellen, die, in einer fixen Anzahl, sehr einfach vernetzt rund um die Steuerungszentrale angeordnet sind. Die Kraftfelder der dort anwesenden Gedankenfragmente verbrauchen sich und wirken bis dahin systemübergreifend auf die jeweiligen Sensus Organe, die dazu passende Emotionen aus dem Emotionen Speicher ziehen und über ihre Verbindung zum Sensus Herz auch die dortigen Umba-Generatoren anregen. Einerseits vom Sensus angestachelt und gleichzeitig ebenfalls von den Gedankenfragmenten angeregt, bringen sich nun auch der Annexus und der Ingenium mit ein, die mit geladenen Erinnerungen und negativen Persönlichkeitsaspekten das System noch zusätzlich aufrühren.

Unterhalb der harten Schutzhülle des Logica befindet sich der permanente Wissensspeicher, der sich durch eine dicke Schicht schwingungsdämpfender Zellen vom Innenraum des Logica abgrenzt. Er stellt dem Menschen das Kurz-, Mittel- und Langzeitgedächtnis zur Verfügung, indem er mit unterschiedlichen, entwickelbaren Zugriffszeiten das Erlernte nicht ohne Anstrengung zur Verfügung stellt. Das Logica Herz sucht nach den benötigten Informationen mit Hilfe des Mesoherzens, das sich einen gewissen Abstand entfernt unter ihm befindet. Jede Inkarnation bekommt einen eigenen, nur während dieses Lebenszeitraumes gültigen, vorläufig fixen, im Bedarfsfall auch vergrößerbaren Bereich im Wissensspeicher zugewiesen, der danach wieder verschlossen wird.

Der Logica leidet sehr stark unter energetischen Verunreinigungen, die aufgrund anwesender aggressiver Gedankenfragmente entstehen, deren Resonanzfähigkeit vor allem dazu passende Emotionen in den Logica diffundieren lässt. Sie verkleben die empfindlichen Strukturen und Gewebe der Logica Organe und gefährden ihr ordentliches Funktionieren. Dem Logica ist daher ein umfassendes Regenerationssystem an die Seite gestellt, das vor allem vorsorglich, aber auch heilend wirkt – die ergriffenen Maßnahmen und umsetzenden Strukturen sind die gleichen wie beim Sensus und werden deswegen hier nicht mehr näher erläutert.

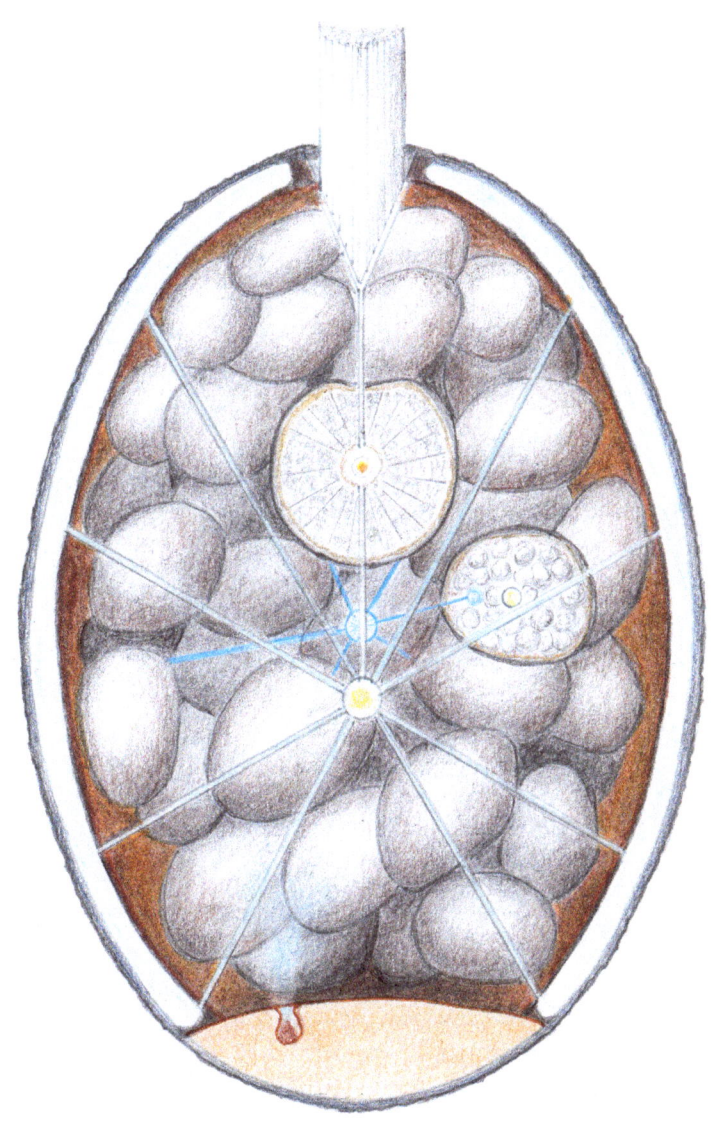

Das Bild zeigt den Logica im Längsschnitt. Im Zentrum befindet sich das Logica Herz, hier im Querschnitt dargestellt, und darunter, mit ihm verbunden, das Mesoherz. Darum herum sind die unterschiedlich großen und verschieden geformten Logica Organe angeordnet.

Von oben führt der Divinos-Kanal zum Logica, der Krethouw und seine Verbindung sind hier nicht zu sehen. Hier blau eingezeichnet, unterhalb des Logica Herzens, befindet sich die große Verteilerpumpe, die die heilenden, von der göttlichen Instanz bereitgestellten Substanzen auf die Logica Organe verteilt. Das Logica Herz wird mittels dünner Röhrchen direkt versorgt. Unterhalb der harten Schutzhülle befindet sich der permanente Wissensspeicher, dessen Kammern von einer hochviskosen, bläulichen Flüssigkeit geschützt werden. Im unteren Bereich des Logica ist der kleine Generator zu sehen, der, umgeben von Absorptionszellen, für eine dichte gesunde Atmosphäre im Inneren des Logica sorgt.

Logica Herz

Das Logica Herz, die große kognitive, intelligente Rechenzentrale des menschlichen Systems, koordiniert dominant auf intellektueller Ebene, systemübergreifend und funktionsbestimmend, jedoch zeitweise und situationsabhängig überstimmt von irrational oder emotional getriebenen Impulsen, das logisch orientierte, vernunftgesteuerte Leben des Menschen. Abgesehen vom geistig intellektuellen Aspekt, der bisher umrissen wurde, ist ein gut entwickeltes Logica Herz auch die Voraussetzung dafür, schlicht selbstbewusst und selbstverständlich mit einem gesunden Hausverstand im täglichen Leben agieren zu können.

Gleichgültig welches intellektuelle Niveau gelebt wird, die Leistungsfähigkeit des Logica Herzens entspricht hervorragend den normalen Anforderungen des täglichen Lebens, steht aber für darüber Hinausgehendes nicht unmittelbar zur Verfügung. In zu Beginn mühsamen, frustrierenden und später hochkonzentrierten, effizienteren Denkprozessen verändert das Logica Herz seine Strukturen und passt sich an die neuen Herausforderungen an.

Denkprozesse finden nicht im physischen Gehirn statt. Gesteigerte Gehirnaktivitäten treten nur dann auf, wenn der physische Körper mittels der direkten Verbindung zum Logica Herz dessen Anweisungen entgegennimmt und seine Sinneseindrücke zur Verarbeitung zurücksendet. Die vegetativen Funktionen des physischen Körpers werden gleichfalls von einem eigens dafür zugeteilten Bereich des Logica Herzens gesteuert, der darüber hinaus sensibel alle vom physischen Körper diesbezüglich, ebenfalls über die Schnittstelle des Gehirns, gesendeten Informationen beobachtet, gegebenenfalls regulativ eingreift und, wenn die zerstörerische Kraft negativer Gedankenmuster durchschlägt, den Verirrungen entsprechende, verfälschte Signale entsendet.

Die emotionalen Verdrängungsmaßnahmen des Sensus werden vom Logica Herz auf intellektueller Ebene unterstützt: Den unangenehmen Sinneseindrücken folgt der emotionale Schmerz, der zunächst verdrängt dazu führt, dass der Logica die als Ursache identifizierten Wahrnehmungen verzerrt und verstümmelt. Aber auch messerscharfe Erkenntnisse, denen eine Flut von unangenehmen Emotionen folgt, werden vernebelt und die dafür verantwortlichen vernetzenden Strukturen dergestalt nachteilig verändert, dass ein ebensolcher glasklarer Blick in Zukunft nicht mehr ganz so einfach möglich ist.

✳✳✳

Das Logica Herz besteht aus dem Vesostern, der großen Steuerungs- und Verteilerzentrale im Zentrum des Herzens, und den in kleinen Kammern untergebrachten Gedankenzellen mit dem intelligenten Netzwerk. Der Vesostern ist von rechteckigen Mizellen umgeben, die das Energieniveau der Gedankenimpulse für die ordentliche Verarbeitung im Netzwerk anpassen. Ihre absorbierenden Maßnahmen können gesteigert werden – die Impulse werden über nötige Anpassungsschritte hinaus verzerrt und verstümmelt und geben somit den gewünschten Verdrängungsbemühungen statt, die unangenehme Erkenntnisse entschärfen oder schmerzhafte Sinneseindrücke verschleiern sollen.

Der Vesostern ist mit Hilfe des Atlas mit dem Ingenium verbunden. Er übernimmt entweder anstachelnde Impulse egoistisch orientierter Anliegen oder erfahrungsangereicherte talentebezogene, die in einem dafür eigens ausgelegten Netzwerk einen Synergieeffekt erzielen. Hochkonzentrierte Gedankenprozesse bar jeglicher egoistischer Ziele werden von der göttlichen Instanz unterstützt, deren Impulse über die Verbindung des Vesosterns mit dem Divinos Kanal oder dem Krethouw fördernd und inspirierend bestehende Gedankenprozesse heben. Abstraktes und praktisches Wissen, das erarbeitet werden und später abrufbar zur Verfügung stehen soll, kann vom permanenten Wissensspeicher über die Vermittlungsstelle Mesoherz vom Vesostern angefordert werden. Die Logica Organe werden vom Logica Herz mit Hilfe dünner, isolierter Verbindungsleitungen mit etwas schwächeren, vom Hauptgedanken abgespaltenen Gedankenfragmenten versorgt.

Im hinteren Teil des Logica Herzens befindet sich der Bereich der Konvertierungszellen, die haubenförmig direkt auf der Gehirnrinde anliegen und einerseits Gedankenimpulse in niederfrequente Nervenimpulse und andererseits Nervenimpulse in hochfrequente Gedankenimpulse umwandeln.

Um den intensiv arbeitenden Gedankenimpulsen einen Raum der konzentrierten Ruhe und Abgeschiedenheit zu verschaffen, ist die dünne flexible Schutzhülle des Logica Herzens an seiner Innenseite mit absorbierenden bäumchenartigen Gebilden dicht besetzt. Sie schützen außerdem vor Fremderregung durch traumatisch intensive Gedankenfragmente, die in den Organgedankenzellen der Logica Organe ihre Arbeit verrichten.

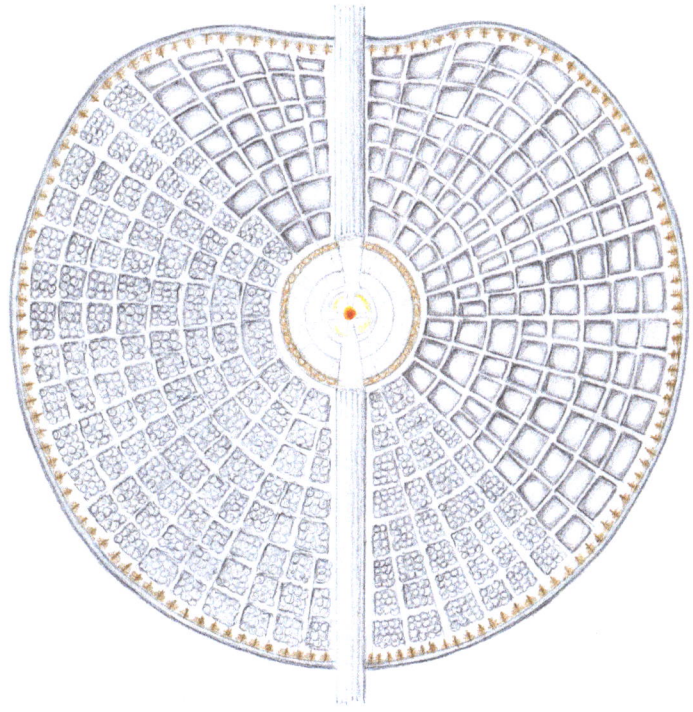

Das Bild zeigt das Logica Herz im Querschnitt mit dem großen Vesostern im Zentrum. Rund um den Vesostern sind die kleinen geschlossenen Mizellen zu sehen, die eine Anpassung der Intensität der sie passierenden Impulse vornehmen. Links im Bild sind die Gedankenzellen zu sehen, die in kleinen flexiblen und dehnbaren Kammern untergebracht sind. Das dichte Netzwerk existiert auf einer etwas höheren Frequenzstufe als die Gedankenzellen und ist auch der Unübersichtlichkeit wegen hier ausgespart. Von oben führen die dünnen Röhrchen des Divinos Kanals zum Vesostern und von unten die des Mesosterns. Das Logica Herz ist an der Innenseite seiner Schutzhülle mit schwingungsdämpfenden, kleinen bäumchenartigen Strukturen ausgekleidet.

Vesostern

Der Vesostern im Zentrum des Logica Herzens steuert Gedankenprozesse, indem er aus bestehenden Impulskonzepten unter Miteinbeziehung der Gedankenzellen Weiterreichendes auslotet, eine dichte Vernetzung ausnutzt, um intuitives, erahntes Wissen zu fassen und mit Hilfe der Arbeit des Vesosterns weiter zu konkretisieren. Er bezieht bei diesem Vorgang den permanenten Wissensspeicher mit ein, der zwischenzeitlich erarbeitete, benötigte Informationen puffert und später, wenn das Wissen gesichert wurde, dauerhaft speichert. Idealerweise erhält der Vorgang Unterstützung von der göttlichen Instanz.

***

Der Vesostern besteht aus einem starken Kraftfeld, aus einer hochviskosen zartgelben Substanz aufgebaut, der achtteiligen Kraftfeldkammer, den Verteilerkammern, die zweireihig um das Kraftfeld herum angeordnet sind, und den Mizellen, die von den Gedankenimpulsen in beide Richtungen passiert werden müssen. Von oben führen die dünnen Verbindungsröhrchen des Divinos Kanals zum Kraftfeld und von hinten die Verbindungsleitung des Krethouw.

Die Verteilerkammern sind mit jeweils einem Eingang und mehreren Ausgängen ausgestattet, die mit dünnen Membranen versehen von den Gedankenimpulsen durch Diffusion überwunden werden müssen. Von den Verteilerkammern der letzten Reihe führen dünne, isolierte Leitungen zunächst durch die rechteckigen Mizellen und von dort weiter zu den Gedankenzellen.

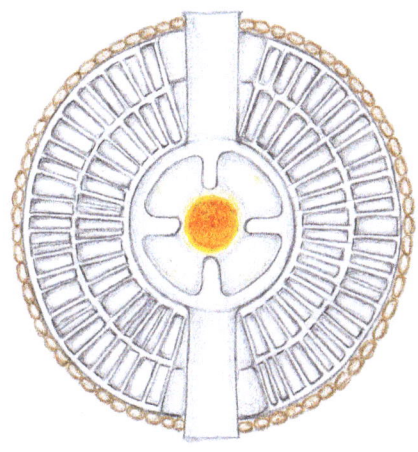

Das Bild zeigt den Vesostern im Querschnitt. Im Zentrum befindet sich der gelbe Kern mit dem Kraftfeld. Rund um die achteilige Herzkammer sind die Verteilerkammern angeordnet, die von einer Reihe Mizellen umgeben sind.

Gedankenzellen und Netzwerk

Gesunde Gedankenzellen erregen aufgrund ihrer unterschiedlichen Bauweise hochfrequente Gedankenfragmente verschiedenster Qualität und Intensität, die, von den Synapsen des Netzwerks aufgenommen, mit den idealerweise synergetischen, benachbarten sinnvolle Gedankenstrukturen bilden. Die aktuelle Zahl der Gedankenzellen entspricht exakt den geistigen Anforderungen, intellektuelle Herausforderungen führen zu einer Zellteilung einzelner Gedankenzellen mit individueller Obergrenze, das Netzwerk samt Synapsen zieht nach.

Strukturänderungen nachteiliger Art entstehen durch die Hitze zu intensiver Impulse, die aufgrund traumatischer Ereignisse oder emotionaler Stressphasen eilig erzeugt wurden. Die Schäden betreffen die Wände der Zellen, die ausdünnen und verhärten, und die Synapsen, deren feines Gewebe verbrennt. Es entstehen dadurch vorgefertigte Bahnen, weil die Erregertätigkeit der Gedankenzellen leidet und die Entscheidungsfähigkeit der betroffenen Synapsen verloren geht.

Konzentrierte Lernprozesse sind auch für ein gesundes System anstrengend, treten zusätzlich krankheits- oder stressbedingt Beschädigungen auf und kommt zur strukturbedingten geistigen Unbeweglichkeit noch eine unüberwindbare Trägheit dazu, erschlaffen nicht gebrauchte Gedankenzellen, die abseits der vorgefertigten Netzwerkwege notgedrungen pausieren. Diffundierte Verunreinigungen aus dem Sensus belasten zusätzlich und lassen sie verkleben. Die Wiederbelebung ist anstrengend und wird von der Zufuhr heilender Substanzen unterstützt, die mittels dünner Kanäle direkt ins Logica Herz geleitet werden.

***

Gedankenzellen besitzen verschieden große geometrische Körper mit unterschiedlich vielen Begrenzungsflächen, deren Verschiedenartigkeit für die Art und die Qualität des Gedankenimpulses bestimmend ist. Sie sind von einer weichen, mit feinen Fasern besetzten Schutzhülle umgeben, die dafür Sorge trägt, dass sich die Erregerschwingungen nicht auf die benachbarten Gedankenzellen übertragen.

Die Erregung von Gedankenimpulsen obliegt den straff vibrierenden Zellwänden, die ein sich verdichtendes Spannungsfeld im Brennpunkt der Gedankenzelle entstehen lassen. Ist der Impuls intensiv genug, wird er von der Synapse aufgenommen und in sein Subnetzwerk geleitet. Sind die Zellwände zu schlaff, entstehen zu schwache Spannungsfelder, hitzebeschädigte Gedankenzellen erzeugen entweder zu schwache oder zu starke, immer jedoch verzerrte oder unklare Gedankenimpulse.

Das Bild zeigt eine der Gedankenzellen im Querschnitt. Die straffen Wände erregen durch Vibration Gedankenimpulse, die genau im Brennpunkt entstehen und später von der Synapse des Netzwerks aufgenommen und weitergeleitet werden. Die Gedankenzelle ist von einer weichen fasrigen Schutzhülle umgeben.

Synapsen besitzen einen tropfenförmigen Körper, der mit einem versponnenen weichen Gewebe ausgefüllt und von einer harten Schale geschützt ist. Das Gewebe bremst den eintreffenden Impuls und weicht der logischen Entscheidung folgend zur Seite, um einen Weg zu einem der gewünschten Ausgänge zu bilden. Hat der Impuls die Synapse verlassen, bildet sich das Zellgewebe wieder zurück.

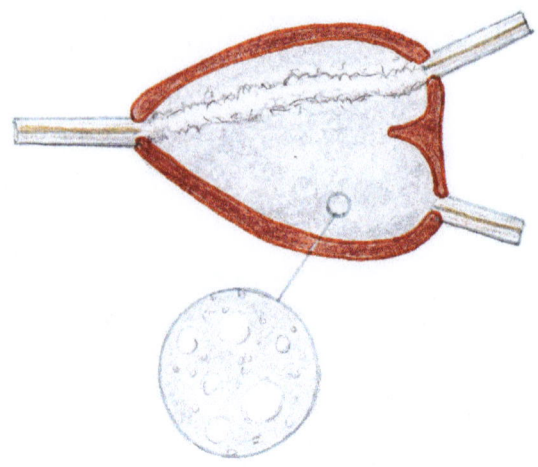

Das Bild zeigt eine der Synapsen im Querschnitt. Auf dem Detailbild ist das versponnene, für Impulse zur Seite weichende verformbare Zellgewebe zu sehen. Im oberen Teil der Synapse haben mehrere zu scharfe hochfrequente Impulse einen vorgefertigten Weg im sensiblen Gewebe hinterlassen. Der nächste eintreffende Gedankenimpuls wird nicht mehr abgebremst und bewegt sich sehr schnell zum vorgegebenen Ausgang. Alternativen, die für die Lösung komplexer Probleme nötig sind, tauchen in Gedankenprozessen intuitiv nicht mehr auf.

Mizellen

Mizellen adaptieren das Energieniveau jener Gedankenimpulse, die vom Vesostern zu den Gedankenzellen gesendet werden. Stressige, hitzige Impulse, die der Vesostern noch gut verträgt, können andere empfindlichere Gedankenzellen und das sensible Gewebe der Synapsen bereits verletzen und werden entschärft, zu schwache Impulse müssen verstärkt werden, damit sie nicht ungehört im Netzwerk verebben. Die Arbeit der Absorption wird von den Mizellen selbst geleistet, die Energiezufuhr von der ihr zugeordneten Synapse.

Aufgrund ihrer absorbierenden Wirkung können die Mizellen für Verdrängungsbemühungen missbraucht werden, indem sie den mit unangenehmen Informationen geprägten Impulsen mehr Energie als nötig entziehen und damit einen Zustand der unehrlichen Ruhe aufrechterhalten. Sind sie in dem Sinne fragwürdig nützlich, wirken sie jedoch nachteilig auch in Fällen, wo glasklare unverfälschte Informationen benötigt werden.

* * *

Mizellen besitzen einen einfachen rechteckigen, dickwandigen Körper, der innen mit feinen blassen, weichen bäumchenartigen Gebilden dicht besetzt ist. Durch die Mizelle hindurch führt das Netzwerk, von einer Synapse unterbrochen. Sie bremst den ankommenden Impuls und hält ihn solange auf, bis entweder sein zu hohes Energieniveau von den bäumchenartigen Gebilden abgebaut oder ein zu niedriges durch Energiezufuhr durch die Synapse verstärkt wurde.

Den Verdrängungsbemühungen entsprechend, vergrößern sich die bäumchenartigen Gebilde zu dichten pelzigen Zotten und entziehen dem in der Synapse verweilenden Impuls zu viel Energie, sodass er dermaßen geschwächt die vollständigen Gedankenstrukturen löchrig hinterlässt und verwirrte Konzentrationsschwächen erzeugt.

Obwohl robuster, leiden die Synapsen der Mizellen ebenfalls unter spannungsgeladenen Gedankenimpulsen. Das Innengewebe überhitzt und hinterlässt ein verkohltes Gerüst, den alten Glühbirnen ähnlich. Diese spröden Gebilde verzerren durchreisende Impulse und halten sie außerdem nicht so lange auf wie nötig.

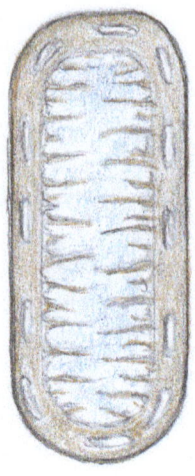 

Die Bilder zeigen links eine gesunde und rechts eine von Verdrängungsbemühungen gezeichnete Mizelle jeweils im Querschnitt.

Konvertierungszellen

Konvertierungszellen, zu finden im hinteren Teil des Logica Herzens, liegen direkt an der Gehirnrinde auf. Sie passen die Frequenz und die Intensität der durchreisenden Impulse je nach Richtung entweder an den Logica oder den physischen Körper an. Der Informationsaustausch umfasst lediglich anweisende aktive und vegetative Impulse des Logica an den physischen Körper, umgekehrt empfängt das Logica Herz einerseits Rückmeldungen vegetativer Vorgänge und andererseits die Nervenimpulse der Sinneseindrücke als neue Eingaben für weiterführende Aktivitäten.

***

Konvertierungszellen besitzen einen rechteckigen, dickwandigen Körper, der an der dem Gehirn abgewandten Seite einseitig mit weichen Zotten ungleicher Länge ausgekleidet ist. Auf dem

Frequenzniveau des Netzwerks, im Zentrum der Konvertierungs-zelle, befindet sich eine einfache Synapse mit einem Aufnahme-zapfen, der in die Gehirnzelle hineinragt.

Der Aufnahmezapfen übergibt oder übernimmt die niederfrequen-ten Nervenimpulse, die Synapse behält den Impuls und verringert entweder oder erhöht die Intensität des Impulses mit Hilfe der Konvertierungszelle.

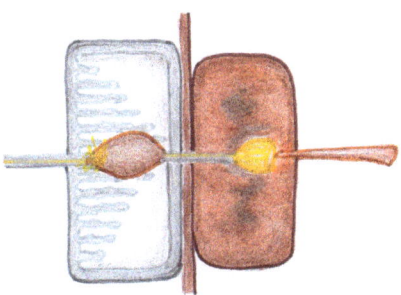

Das Bild zeigt die Konvertierungszelle mit der zugehörigen Gehirn-zelle. Obwohl auf einem anderen Frequenzniveau, wird die Synapse mit dem Aufnahmezapfen hier dennoch dargestellt. Rechts im Bild ist das Nervenende des physischen Körpers zu sehen.

Krethouw

Der Krethouw befindet sich außerhalb des Logica, einen gewissen Abstand über ihm und durch eine dünne Leitung mit dem Logica Herz verbunden. Die göttliche Instanz benutzt seine Dienste für die Übergabe talenteabhängiger inspirierender Impulse, die von ihm angezogen, sicher eingepackt und übermittelt werden. Au-ßerdem unterstützen seine Impulse den anstrengenden Prozess der Wiederbelebung schlaffer Gedankenzellen und die Zellteilung.

***

Der Krethouw besteht aus einem mehrteiligen Gestänge, das von einem zylindrischen, unten zugespitzten Pfahl getragen wird. Das Gestänge dient als Empfänger, der Pfahl sammelt die einlangenden Impulse mit seiner magnetischen Wirkung ein und lässt sie nach unten rutschen.

Am Ende des Zylinders, noch bevor er sich zur Spitze hin verjüngt, befindet sich eine Nut, um die hinabrutschenden Impulse aufzunehmen und in das Innere zur kegelförmigen Spitze zu leiten. Dort befindet sich ein Kraftfeld mittlerer Stärke, das jeweils einige wenige Impulse gemeinsam verpackt und entlang der dünnen Leitung zum Logica Herz gleiten lässt.

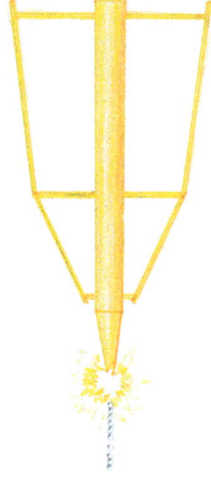

Das Bild zeigt den Aufbau des Krethouw schematisch. Am Ende des zugespitzten Zylinders befindet sich die Übergabestelle mit dem Kraftfeld.

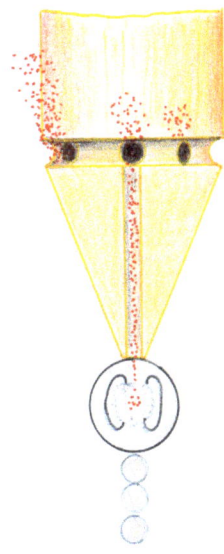

Das Bild zeigt die Übergabestelle des Krethouw, mit dem unteren kegelförmigen Teil im Längsschnitt. Die Impulse rutschen am Zylinder entlang nach unten bis zur Nut und von dort mittels eines dünnen Kanals zur Spitze. Das Kraftfeld verpackt jeweils einige der Impulse in silberne Perlen, die entlang der dünnen Leitung zum Logica Herzen gleiten.

Logica Organe

Die Logica Organe entziehen den Impulsen der laufenden Gedankenprozesse aufgrund ihrer resonanten Wirkung auf eine ganz bestimmte Bandbreite von ihnen eigenen, individuell wenig unterschiedlichen, persönlichkeitsabhängigen Teilaspekten entsprechende Gedankenfragmente, die, vom Organ selbst nochmal gestreut, systemübergreifend hauptsächlich den Sensus mit Emotionen, aber auch den Annexus mit geladenen Erinnerungen und den Ingenium mit seinen egoistischen Anliegen miteinbeziehen. Der physische Körper, beeinflusst und abhängig von den darüberliegenden Energien, spiegelt die innere Dynamik, die dadurch Ausdruck in einer sichtbaren Lebendigkeit findet. Eine Verbindung mit dem permanenten Wissensspeicher besteht keine.

***

Die Logica Organe bestehen aus einer dominanten Steuerungszentrale, unterschiedlich vielen und verschieden großen, im Vergleich zu denen des Logica Herzens wenigen Organgedankenzellen, einer Verteilerkammer für heilendes Gel, versorgt von einer zentralen Pumpe unterhalb des Logica Herzens, und einer weichen, an der Innenseite mit feinen Fasern isolierten Schutzhülle.

Die Organgedankenzellen sind aufgrund ihrer Größe und der Beschaffenheit ihrer Zellwände nicht in der Lage, selbst Gedankenimpulse zu erzeugen, sie übernehmen lediglich die ihnen zugeteilten Impulsfragmente und halten sie solange geschützt, bis sich ihre Energie und ihre Wirkung verbraucht haben. Ihre dicke wollige Hülle unterstützt diesen Vorgang und erzeugt einen stillen unbeeinflussten Bereich, der eine Verzerrung der schwächer werdenden Impulse verhindert.

Die Steuerungszentrale besteht aus einer großen zweigeteilten Herzkammer, die, von zwei halbschalenförmigen Kammern eingefasst, in ihrem Zentrum den gelartigen, das Kraftfeld haltenden, blassgelben Kern mit Hilfe einer runden Spange fixiert. Die Übermittlung der Gedankenfragmente vom Logica Herz an die Steuerungszentrale erfolgt mit Hilfe einer dünnen, isolierten Leitung, die Art und Qualität der Impulse hängt von der organabhängigen, magnetischen Anziehungskraft des Kraftfeldes ab.

Das Netzwerk innerhalb des Organs ist sehr einfach und geradlinig ohne Kreuzungspunkte und Synapsen mit der Steuerungszentrale im Mittelpunkt.

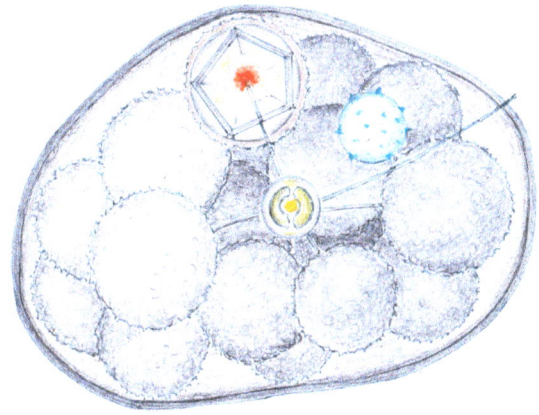

Das Bild zeigt eines der größeren Logica Organe im Querschnitt. Im Zentrum ist die Steuerungszentrale zu sehen, die von wenigen, unterschiedlich großen Organgedankenzellen umgeben ist. Oberhalb der Steuerungszentrale befindet sich die kleine Verteilerkammer, die das Organ mit heilenden Substanzen versorgt.

Permanenter Wissensspeicher

Der permanente Wissensspeicher bildet das Kurz-, Mittel- und Langzeitgedächtnis des Menschen. Er ist in alle Denkprozesse und Aktivitäten des Menschen eingebunden und speichert alles, was sich der Mensch einprägt und merken möchte. Die Funktionen des Ultrakurzzeitgedächtnisses werden vom Mesoherz abgebildet, sind die benötigten Informationen nicht unmittelbar abrufbereit, stellt es als Vermittler und Verwaltungsorgan einen geordneten langsameren Zugriff auf die Speichereinheiten des permanenten Wissensspeichers bereit.

Die Kapazität des permanenten Wissensspeichers umfasst das erarbeitbare Wissen jener vorhersehbaren Anzahl von Inkarnationen, die der Mensch für seine Entwicklung und Disziplinierung braucht plus einer gewissen Pufferzahl. Die Größe der zugewiesenen

Speicherbereiche ist variabel und wird am Ende eines jeden Lebens auf das Benötigte reduziert. Gelangt der Wissensspeicher dennoch an seine Grenzen, werden überlappende Bereiche zusammengelegt und so zusätzliche Kapazitäten geschaffen. Nach der letzten Inkarnation werden die geschlossenen Bereiche langsam und vorsichtig geöffnet und freigegeben, sodass ihr Inhalt nach und nach ins Bewusstsein sickern kann.

* * *

Der permanente Wissensspeicher befindet sich unterhalb der harten Schutzhülle des Logica. Er ist aus zweiteiligen scheibenförmigen Speichereinheiten zusammengesetzt, die dicht an dicht in mehrlagigen Schichten in einer blassblauen dickflüssigen, isolierend wirkenden Substanz untergebracht sind. Die flachen Scheiben der Speichereinheiten sind in je fünf gleich große Kreissegmente unterteilt, die mit jeweils einem Anschlussstück für die Verbindungsleitungen versehen sind. Die Leitungen bündeln sich gleich oberhalb der Scheibe und führen, zu einer dickeren vereint, gemeinsam mit den benachbarten zu einem der großen, ebenso wie der Speicher mit derselben blassblauen Substanz gefüllten, dünnwandigen Kanäle, die eine Verbindung mit dem Mesoherz herstellen. Jedes der tortenstückförmigen Segmente ist in sechzehn ungleich große Kammern unterteilt, in der kleine Speicherperlen, gut isoliert in einer feuchtigkeitsspendenden dickflüssigen klaren Substanz, untergebracht sind.

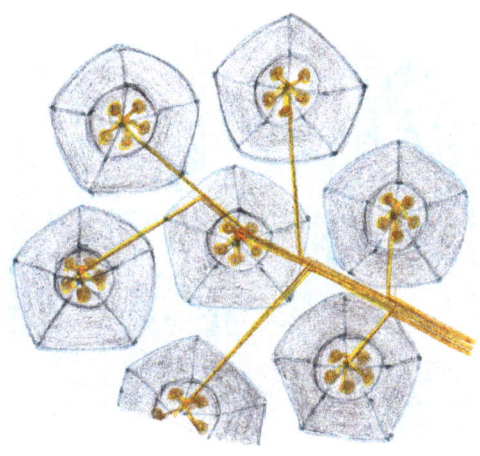

Das Bild zeigt mehrere der scheibenförmigen Speichereinheiten von oben betrachtet.

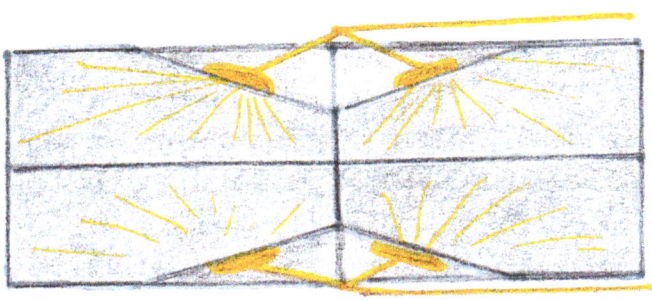

Auf dem Bild ist eine der Speichereinheiten im Querschnitt dargestellt. Die Segmente sind mit jeweils einem Anschlussstück versehen, das eine Verbindung mit den Speicherperlen herstellt.

Das Bild zeigt eine der Speicherperlen mit ihrer Verbindungsleitung im Detail.

Das Mesoherz besteht aus einem starken, von einem orangegelben gelartigen Kern aufgebauten Kraftfeld, das in einer großen einfachen, dünnwandigen Kammer untergebracht ist. Von oben führen mehrere gegeneinander isolierte Verbindungsleitungen vom Logica Herz zum Kraftfeld, rund um die Kammer schließen die großen, mit Flüssigkeit gefüllten Kanäle an, die Bündel nicht isolierter Leitungen vom Wissensspeicher zum Mesoherz leiten.

Das intelligente Kraftfeld weiß über Ultrakurzzeitwissen Bescheid und liefert die Antworten diesbezüglicher Anfragen prompt zurück. Ist das Wissen nicht mehr geläufig, entsendet das Mesoherz unter konzentrierter Anstrengung mehrere, vom scharf nachdenkenden Menschen insistierte Anfragen an den Wissensspeicher, wobei der Hartnäckige weitaus öfter mit einer positiven Antwort belohnt wird. Der Vorgang lässt sich trainieren, das Kraftfeld des Mesoherzens wird intelligenter und agiler und kann mehr gepuffertes Kurzzeitwissen aufnehmen.

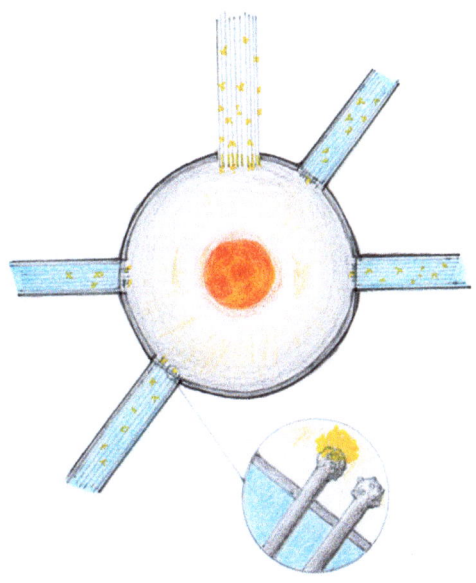

Das Bild zeigt das Mesoherz im Querschnitt. Von oben führen ge-
bündelte, dünne, isolierte Leitungen vom Logica Herz zum Kraftfeld. Die dünnwandigen großen, flüssigkeitsgefüllten Kanäle sind
vorne geschlossen, die kugelförmigen Enden ihrer Leitungen stehen in die Kammer hinein.

Annexus

Beziehungen sind jener Bereich im Leben eines Menschen, der das größte Entwicklungspotential birgt. Eingebunden in größere oder kleinere Gemeinschaften, erfährt sich der Mensch einerseits als Individuum, im Extrem ganz am äußeren Ende der Skala als egoistischer Einzelkämpfer, und andererseits, und das ist das Ziel seiner Entwicklung, diszipliniert als treuer Freund, fürsorgliches liebevolles Familienmitglied oder verlässlicher Geschäftspartner im allumfassenden Sinne dieses Wortes.

Die Bedeutung von Beziehungen erstreckt sich nicht nur auf den zwischenmenschlichen Bereich – dort wird die menschliche Persönlichkeit geformt und geprägt, mit einem unmittelbaren Feedback innerer Befindlichkeiten versorgt –, sondern auch, obwohl hier meist zulasten der Entwicklung der bereits verfestigte Teil des menschlichen Charakters sichtbar wird, in seinem Verhältnis zur Erde, zu Fauna und Flora und zur göttlichen Instanz.

Die Unterstützung dieser Entwicklungsprozesse obliegt dem Annexus, der, wenig belastet, die liebevollen Beziehungen in zarter empfindsamer Weise unterstützt und den anspruchsvollen, mit ungleich mehr Aufwand und derben komplizierten Strukturen, einen verbindlicheren Status gibt, um dadurch die Umsetzung von Abhängigkeiten und Erwartungen unter Miteinbeziehung der anderen energetischen Körper direkt oder indirekt zu erzwingen.

Bedeutung

Der Annexus, im ureigensten beschränkten Sinne ausschließlich für beziehungstechnische Aspekte zuständig, spielt im Idealfall eine statisch zurückhaltende, kaum Einfluss nehmende Rolle innerhalb der verketteten energetischen Körper. Die gegenseitige

Wechselwirkung gewinnt jedoch an Brisanz und Spannung, wenn der Mensch in anspruchsvollen Beziehungen nicht befriedend wirken oder durch Abwesenheit innere Distanz schaffen kann und die damit verbundenen unangenehmen, im Annexus System gespeicherten Erinnerungen einerseits eine auslösende emotionsgeladene Wirkung auf den Sensus ausüben und gleichzeitig den Logica konfliktbehaftete Konzepte und Pläne schmieden lassen, andererseits, wenn nicht doch noch gegengesteuert wird, der Logica und der Sensus gegenseitig wechselwirkend einer eigenen Dynamik erliegen.

Dem fortschreitenden Prozess folgt, immer noch angeheizt von geladenen Erinnerungen, meist auch noch der Ingenium, der den auf ihn einprasselnden Impulsen nicht widerstehen kann und die zwischenmenschlichen Vorgänge mit energetischen Angriffen zusätzlich verkompliziert. Die Wechselwirkung der beteiligten energetischen Körper erschöpft sich erst durch Ablenkung und Ermüdung oder, und das wäre das Ziel, aus dem Wunsch heraus, den Konflikt doch noch zu befrieden, um den initiierenden geladenen Erinnerungen die Schärfe zu nehmen.

Ist der erwachsene Mensch gezwungen, sich zu disziplinieren, um eine gesunde Beziehungsfähigkeit zu entwickeln, sind die Grundlagen dafür idealerweise in der Kindheit zu legen und im frühen Kindesalter großräumig abhängig von einer wohlwollenden würdigenden Gesellschaft, die die Mutter unterstützt, und im engeren Sinne von ihren mütterlichen Qualitäten, die wiederum, und da schließt sich der Kreis, vom allgemeinen kollektiven Verständnis geprägten Engagement ihrer Eltern bestimmt wurden.

Schwieriger ist die Rolle des Vaters zu beschreiben, der zunächst eine schützende unterstützende Funktion der Familie gegenüber ausübt, damit die Mutter wertgeschätzt und nach innen gekehrt ihre mütterlichen Dienste leisten kann und später, die Mutter entlastend, immer mehr eine fürsorgende, fördernde Stellung einnimmt.

Im Idealfall entwickeln sich Vater und Mutter, ihren liebevollen Blick auf die Bedürfnisse ihre Kinder gerichtet, darüber hinaus und überwinden, sich gegen aufgezwungene einschüchternde, sich innerhalb wissenschaftlich anerkannter festgelegter Rahmenbedingungen befindlicher Richtlinien und Vorschriften stemmend, eigene erziehungsbedingte Defizite und Unzulänglichkeiten und schenken ihrem Nachwuchs damit ein gutes Selbstbewusstsein und eine natürliche, gesunde Beziehungsfähigkeit, um ein Leben in Freiheit und Freude leben zu können.

Anatomie und Funktionsweise

Der Annexus besitzt, wie seine Vorgänger auch, einen eiförmigen, gleich großen, jedoch etwas gedrungeneren Körper, von einer knorpeligen, eher weichen, leicht transparenten Schutzhülle umgeben. Seiner Hauptaufgabe entsprechend, unterscheiden seine Strukturen strikt zwischen freien liebevollen und abhängigen schwierigen Beziehungen, die von jeweils einem zentralen Herzorgan verwaltet und organisiert werden.

Im oberen Bereich des Annexus findet sich daher die Lichtperle, jenes Herzorgan, das die liebevollen unbelasteten Beziehungen mit Unterstützung der göttlichen Instanz, die verbunden durch den Divinos-Kanal den liebenden Menschen in seinen Absichten unterstützt, mit kaum Aufwand mehr repräsentiert als organisiert.

Die Lichtperle, die mittels des Divinos Kanals mit kostbaren göttlichen Energien genährt wird, erzeugt feine weiße Beziehungsbänder, die den Annexus an seiner Vorderseite durch eine blütenähnliche Struktur verlassen und eine Verbindung mit dem geliebten Mitmenschen herstellen, so dieser das Angebot annimmt und auf friedvoller erwartungsloser Ebene erwidern kann. Intakte, auf beiden Seiten erwünschte Beziehungsbänder erzeugen eine warme liebevolle Verbundenheit und eine Sehnsucht nacheinander, die eine gute Grundlage für eine stabile Beziehung abgeben. Die Beziehungen zur Erde und zu positiven Elementalen sowie zur Sonne und den Planeten unseres Sonnensystems – so zu ihren positiven Aspekten eine Resonanz besteht – werden ebenfalls von der Lichtperle durch zarte Bänder repräsentiert, die den Annexus jedoch an seiner Unter- und Oberseite verlassen.

Egoistisch erwartungsbehaftete Beziehungen werden vom Annexus Herz mit ungleich mehr Struktur- und Energieaufwand repräsentiert und verwaltet. Es befindet sich direkt unterhalb der Lichtperle und erzeugt auffällig grobe und derbe Beziehungsbänder, die den Annexus diesmal nicht geordnet, sondern gewaltsam die weiche Schutzhülle durchdringend, verlassen und ebenso gewaltsam eine Verbindung mit den mit Ansprüchen verknüpften Mitmenschen herzustellen versuchen. Die derben Beziehungsbänder zielen ins Leere, wenn die Ansprüche neutral oder strikt abgelehnt werden können, einmal etabliert, fällt es jedoch schwer sich abzugrenzen, Übergriffe werden nicht als solche erkannt und Erpressungsversuchen kann schwer standgehalten werden.

Derbe Beziehungsbänder findet man auch bei jenen Menschen, die respektlos die Erde ausbeuten und ihre Ressourcen nicht zu schätzen wissen. Die meisten dieser und die Beziehungsbänder egoistischer Ideen tragender Elementale verlassen den Annexus zufällig geordnet, den Trichter der Lichtperle nutzend, an seiner Unterseite. Nach oben hin führen Beziehungsbänder, die eine negative Resonanzfähigkeit mit den egoistisch orientierten Aspekten der Planeten unseres Sonnensystems, einschließlich der Sonne im astrologischen Sinne, anzeigen.

Unterhalb der weichen Schutzhülle befindet sich der Erinnerungsspeicher des Annexus, seine Speicherstrukturen sind in gegeneinander verschiebbaren, sicheren Kammern untergebracht, weil sie derben Beziehungsbändern weichen müssen. Er sammelt penibel, vom Annexus Herz übermittelt, ausschließlich jene Erinnerungen, die aufgrund von Zwistigkeiten, begleitet von energetischen Angriffen des Ingenium und Turbulenzen im Sensus und Logica, entstehen und nicht sogleich befriedet werden können.

Von dort drängen sie, ausgelöst durch anschlagende Beziehungs-bänder, mittels dünner Röhrchen als zäher, dunkler Strom zurück zum Annexus Herz, dessen Energiemilieu, friedfertig vergebend oder anstachelnd, darüber entscheidet, ob die geladenen Er-innerungen erneut gespeichert oder befriedet fallen gelassen werden können. Solange jedenfalls geladene Erinnerungen im Speicher vorhanden sind, immer mit derben Beziehungsbändern verknüpft, wirken sie resonant im Speicher und ziehen die nöti-gen Begegnungen ins Leben, um die nach Erlösung strebenden Daten zu neutralisieren. Die Lichtperle besitzt keine Verbindung zum Erinnerungsspeicher.

Die Annexus Organe, rund um die beiden Herzorgane angeord-net, dienen ebenfalls den Anliegen egoistisch erwartungsbehaf-teter Beziehungen. Sie erzeugen immer gemeinsam und auf An-weisung des Annexus Herzens derbe Beziehungsbänder, die den das jeweilige Organ betreffenden egoistischen Persönlichkeits-teilaspekt als negative Komponente in die Beziehung mit hinein-bringt. Daher sind nur jene Annexus Organe beteiligt, die eine Summe der in Art und Qualität zerfallenden egoistischen Anteile der Beziehung bilden.

Wie das Annexus Herz sind auch die Annexus Organe mit dem Erinnerungsspeicher verbunden, die allgemein adressierbare na-menlose, dem Organ zugeordnete persönlichkeitsteilaspektbe-treffende Erinnerungen, vom Annexus Herz an sie überwiesen, umwälzen. Ihr Freiwerden erzeugt entlang ihrer, von Begegnun-gen oder Gedankenprozessen angeregten Anwesenheit im Or-gan eine systemübergreifende Wirkung, die meist einen bereits im Rollen befindlichen Vorgang zusätzlich anheizt. Diszipliniert sich der Mensch und widersteht den anregenden Impulsen, zer-fallen die Erinnerungen neutralisiert in einer befriedend wirken-den Atmosphäre.

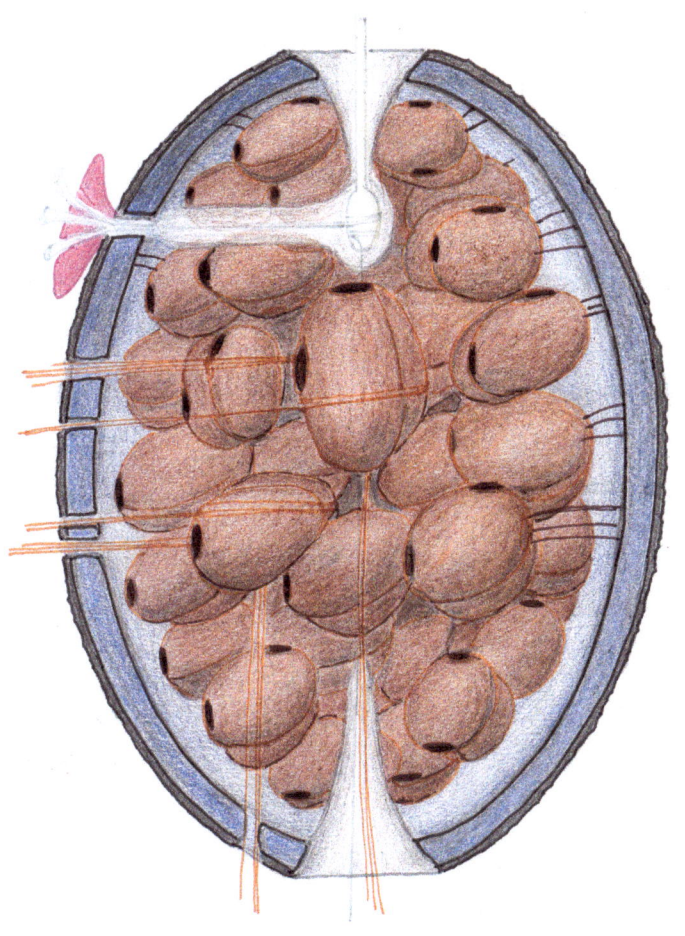

Das Bild zeigt den Annexus im Längsschnitt. Im oberen Bereich ist die Lichtperle zu sehen, deren zarte liebevolle Beziehungsbänder mittels der Blüte einen geordneten Durchgang erhalten. Der Divinos Kanal tritt durch den oberen Trichter des Annexus ein und versorgt die Lichtperle mit kostbarer Energie von der göttlichen Instanz. Unterhalb der Lichtperle befindet sich das zweigeteilte Annexus Herz, hier mit derben Beziehungsbändern den Mitmenschen gewidmet, die den Annexus an seiner Vorderseite verlassen. Alle anderen feinen zarten, und die meisten der derben

Beziehungsbänder, verlassen den Annexus entweder durch den oberen oder den unteren Trichter. Direkt unterhalb der Schutzhülle befindet sich der Erinnerungsspeicher, der mit dem Annexus Herz und den Annexus Organen mittels dünner Röhrchen und Kanäle verbunden ist.

Annexus Herz

Das Annexus Herz, hier noch vor der Lichtperle behandelt, ist ausschließlich mit den Belangen erwartungsbehafteter, egoistischer Beziehungen des Menschen und dem nicht enden wollenden Strom geladener, ewig feindlich gesinnter Erinnerungen befasst und übt, wenn diese Beziehungen abgeschlossen und befriedet wurden, nur mehr eine neutralisierende Wirkung auf aktuelle, durch Zwist entstandene Impulse aus.

Die Umwälzung der geladenen Erinnerungen ist unmittelbar mit derben Beziehungsbändern verknüpft, die einmal auslösendes Moment sind und dann wieder eine passivere Rolle im zwischenmenschlichen Umgang spielen. Sie entsprechen jedenfalls den fordernden oder mit Verlustängsten verknüpften Erwartungen und den damit gespeicherten Erinnerungen, erzeugen verpflichtende Verbindlichkeiten, übermitteln jedoch keine Energien.

***

Das Annexus Herz ist aus drei funktionellen Bausteinen zusammengesetzt: einer kleinen Steuerungszentrale, die vom Ingenium und dem Logica über den Atlas als Vermittler mit aktuellen Datensätzen über schwierige zwischenmenschliche Vorfälle versorgt wird, dem Bingsystem, das für den Kreislauf geladener Erinnerungen im Annexus Herz zuständig ist, und den drei Koblerstöcken, die aufgrund von Erwartungen und Ansprüchen derbe und grobe Beziehungsbänder mit den betreffenden Mitmenschen herstellen.

Die Steuerungszentrale, das Bingsystem und die drei Koblerstöcke sind im Inneren zweier eiförmiger, versetzt zusammengefügter, relativ dünner und harter Halbschalen untergebracht, die mit drei oval geformten Öffnungen für die von den Koblerstöcken erzeugten Beziehungsbändern ausgestattet ist.

Die beiden Halbschalen formen zwei Wannen, wobei sich in der tieferen der beiden der zähe Strom aggressiver Erinnerungen sammelt, während in der zweiten die ovale Öffnung für die nach unten laufenden Beziehungsbänder zu finden ist.

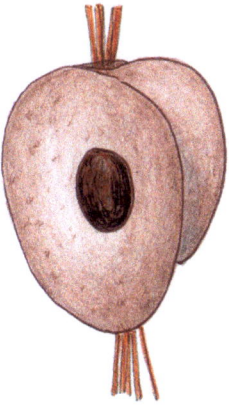

Das Bild zeigt das aus zwei Halbschalen zusammengefügte Annexus Herz von der Seite.

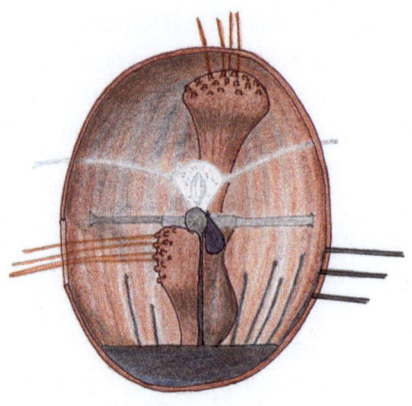

Das Bild zeigt das Annexus Herz im Längsschnitt. Der träge Strom von Erinnerungen fließt langsam durch mehrere dünne Kanäle zum Herz und sammelt sich in der tiefer gelegenen Wanne, die gereinigten, geladen gebliebenen Daten und die neuen werden über dünne Röhrchen vom Bingtrichter wegführend zum Erinnerungsspeicher geleitet. In der Mitte des Herzens ist dunkelgrau die Befestigungsbühne zu sehen, an der das gesamte Bingsystem, bestehend aus einer Steigleitung, dem Trennzellenbereich und dem Bingtrichter, hier hellgrau dargestellt, befestigt ist. Unten links und oberhalb der Bühne sind zwei der drei Koblerstöcke zu sehen, deren Beziehungsbänder durch die seitliche und obere Öffnung hindurchführen.

Bingsystem

Das Bingsystem im Zentrum des Annexus Herzens ist für die Aufarbeitung und Reinigung der von der Steuerungszentrale angeforderten Erinnerungen und für den Speicherprozess aggressiv verbliebener oder neuerer Daten, ebenfalls von der Steuerungszentrale übermittelt, zuständig. Es besteht aus einer Steigleitung, die den zähen Strom von Erinnerungen ansaugt, den daran anschließenden Trennzellen, die energetische Verunreinigungen absondern, und dem Trichter des Bing, der die gereinigten Impulse aufnimmt und nun entweder mittels einer im Idealfall vorhandenen befriedenden Atmosphäre neutralisiert oder, wenn sie fehlt, geladen wieder an den Erinnerungsspeicher übergibt.

Die Trennzellen und der Bingtrichter sind direkt mit der steifen Befestigungsbühne verbunden, die dem gesamten System Stabilität verleiht. Ebenfalls an der Bühne befestigt findet sich gleich oberhalb der Trennzellen die Steuerungszentrale, die mittels dünner Röhrchen mit dem Bingtrichter verbunden ist.

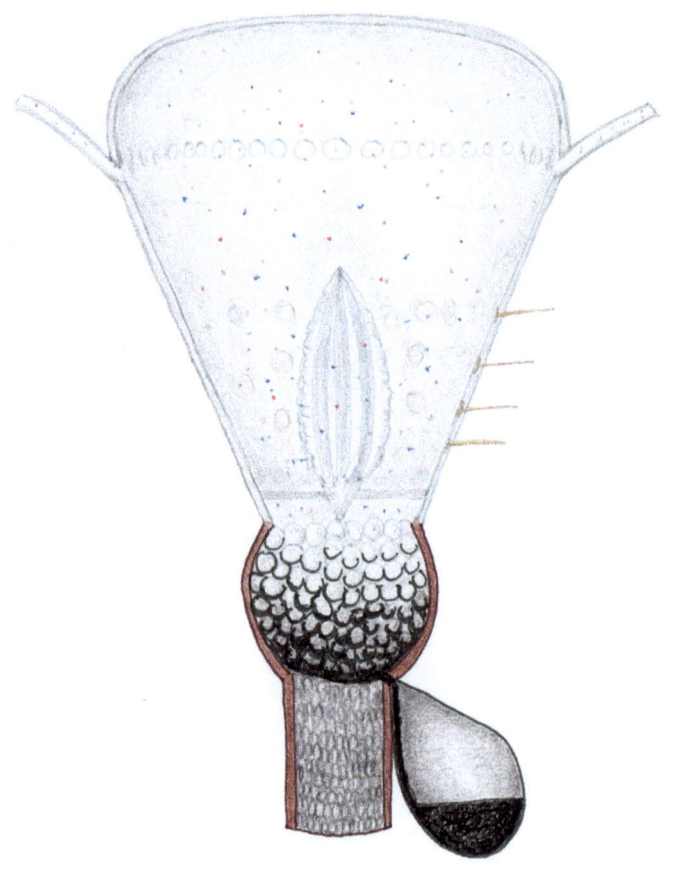

Das Bild zeigt das Bingsystem im Längsschnitt. Unten ist die Steigleitung zu sehen, die den verschmutzen, schwarzen Strom von Transportblasen nach oben zu den Trennzellen transportiert. Unterhalb der Trennzellen ist der Sammelbeutel fixiert, der den ausgeschiedenen energetischen Schmutz aufnimmt und entsorgt. Die befreiten gereinigten Datenträger werden vom Trichter aufgenommen und mittels eines Ventilators, der im Idealfall eine neutralisierende Atmosphäre erzeugt, kräftig aufgewirbelt. Im unteren Teil des Trichters sind Datenros angebracht, die den eigentlichen Informationsaustausch mit der Steuerungszentrale durchführen. Am oberen Ende des Bing befinden sich die Röhrchen, die den Trichter mit dem Erinnerungsspeicher verbinden.

Die resonanten Erinnerungen müssen, bevor sie zum Annexus Herz gesendet werden können, und ein Vorgriff auf den Erinnerungsspeicher sei hier erlaubt, gut vorbereitet und geschützt ihren Weg antreten, da diffundierende Emotionen aus dem Sensus einen geordneten Transport verhindern würden. Derartig versorgt, die Daten findet man in einem Flüssigkeitsstrom auf kleine Datenträger gepackt, zu mehreren in großen Transportblasen, erreichen sie mittels Diffusion das Annexus Herz, sammeln sich dort in der unteren Wanne und werden so von der Steigleitung aufgenommen und nach oben transportiert.

Das Bild zeigt eine der verschmutzten Transportblasen mit zwei sauberen, kleinen Datenträgern in ihrem Inneren.

Die Steigleitung besteht aus hintereinander angeordneten Transportzellen, die die zähe Flüssigkeit durch Unterdruck langsam und stetig nach oben kriechen lassen. Das obere Ende der unteren Transportzelle ist dabei mit dem unteren Ende der oberen fest verbunden und durch eine Membran von ihr getrennt. Auf diese Weise bildet eine Kette von Transportzellen jeweils einen Steigkanal. Die Membrane zwischen den Transportzellen sind dicht an dicht mit Poren versehen, die sich öffnen, wenn in der oberen Transportzelle der Unterdruck anwächst. Dadurch wird die träge Flüssigkeit hochgesogen, bis sich die Poren durch das niederdrückende Gewicht wieder schließen.

Das Bild zeigt drei miteinander verbundene, durch Membrane getrennte Transportzellen, die einen geschlossenen, rückflusssicheren Steigkanal im Inneren der Steigleitung bilden.

Am Ende der Steigleitung beginnt der Bereich der Trennzellen. Sie scheiden die zähe Flüssigkeit ab und befreien die Transportblasen von anhaftenden energetischen Verunreinigungen, die in einem Beutel gesammelt und dort entsorgt werden.

Die Trennzellen bestehen aus lose hintereinandergereihten großen, aus einem sehr feinen stabilen Netz aufgebauten Blasen, die in ihrem Inneren, an der Oberseite befestigt, eine weitere kleinere, jedoch diesmal dichte, enthält. Sie saugen den trägen verunreinigten Strom durch Unterdruck nach oben, das feine Netz, durch das sich die Transportzellen zwängen müssen, trennt sie von den ihnen anhaftenden Verunreinigungen und der Großteil der Flüssigkeit fließt außen in den Schmutzbeutel ab. Innerhalb der äußeren Blase diffundieren die nun leichteren Transportblasen durch die hauchdünne Membran der inneren Blase, damit sie sich nicht erneut mit energetischen Schmutz verbinden können und werden, derart versorgt, an die nächste Trennzelle, diesmal durch die Sogwirkung des Bingtrichters, weitergereicht. Der Vorgang wiederholt sich, sodass die vollends gereinigten Transportblasen in den Bingtrichter entlassen werden. Dort platzen sie und geben ihre Datenträger frei.

Der im Beutel gesammelte energetische Schmutz besteht zum größten Teil aus Emotionenresten, die von einer Reihe kleiner Quabber komprimiert an den Sensus, die Schleuse des Ingenium nutzend, übergeben werden.

Die in den Bingtrichter entlassenen, von den Blasen befreiten Datenträger werden nun durch einen mit fünf Flügeln besetzten Ventilator kräftig hochgewirbelt. Die Datenträger streifen dabei immer wieder an den im unteren Teil des Trichters befindlichen Datenros vorbei, die den eigentlichen Impuls abziehen und an die Steuerungszentrale weiterleiten. Die leeren Datenträger können nun von anderen Datenros mit frischen Informationen belegt und zum Erinnerungsspeicher, hier ohne Transportblasen, zurückgesendet werden.

Der Ventilator, nicht nur mit der Aufgabe betraut, die befreiten Datenträger hochzuwirbeln, erzeugt und verdichtet aufgrund der starken Vibrationen seiner Flügel die vom Energieversorgungs-System zur Verfügung gestellte Energie zu einer dichten, im Idealfall neutralisierend wirkenden Atmosphäre, die den geladenen Impulsen ihre Resonanzfähigkeit entzieht. Bleibt der Mensch seinen Mitmenschen gegenüber feindlich eingestellt, stumpfen die feinen weichen Enden der Flügel ab und erzeugen eine immer schwächer werdende bis gar keine Atmosphäre.

Koblerstöcke und Atila-Zwiebeln

Den Ansprüchen und Erwartungen in Beziehungen Folge leistend, erzeugen die Atila-Zwiebeln der Koblerstöcke derbe grobe Beziehungsbänder, die, wenn sie eine Verbindung mit dem genötigten Mitmenschen herstellen können, eine starke, spürbare Verbindlichkeit und Abhängigkeit einfordern. Zwei andere Arten von derben Beziehungsbändern verbinden sich ungefragt mit der missachteten Erde, negativen Elementalen und der Sonne und den Planeten unseres Sonnensystems. Mit beiden Letzteren nur dann, wenn der Mensch im astrologischen Sinne affin für ihre Energien ist.

Man findet im Annexus Herz daher drei unterschiedliche Koblerstöcke: der erste davon, den Mitmenschen gewidmet, vor der Steigleitung des Bingsystems, ein weiterer ist in der hinteren Halbschale der Erde und den Elementalten zugeordnet und nach unten hin ausgerichtet und der dritte sitzt hinter dem Bingtrichter und sendet seine Bänder zur Sonne und ihren Planeten.

Die Atila-Zwiebeln sind, zu mehreren in vasenförmigen Behausungen untergebracht, von einer zähflüssigen klebrigen Substanz umgeben, die für die Herstellung der Beziehungsbänder gebraucht wird. Sie besitzen einen dickbauchigen, oben offenen Körper, der mit sieben Längsschlitzen die klebrige Substanz langsam einsaugt und danach ruckartig durch seine obere Öffnung hinaus presst. Das so entstandene, langsam aushärtende dünne Beziehungsband wird von der Zwiebel festgehalten und verbindet sich mit den benachbarten zu dicken und breiten Beziehungsbändern, die sich gewaltsam einen Weg durch den eigenen Erinnerungsspeicher zum fremden Annexus System bahnen und, wenn sie erfolgreich sind, um sein Annexus Herz schlingen.

Die Lebenszeit der Beziehungsbänder ist von der erfolgreichen Arbeit mit den damit verbundenen gespeicherten Erinnerungen abhängig. Sind alle befriedet und neutralisiert, werden die Beziehungsbänder schlaff und lösen sich später ganz auf.

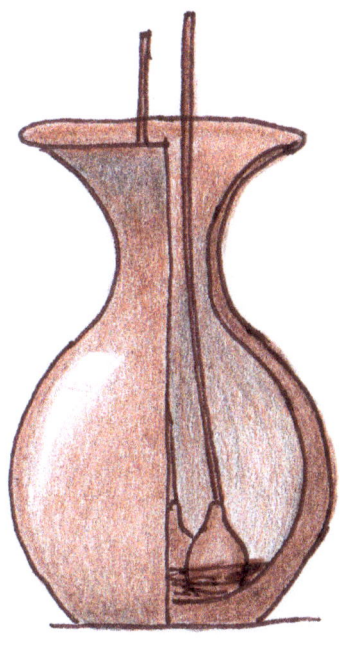

Das Bild zeigt die vasenähnliche Behausung, in der die Atila-Zwiebeln untergebracht sind. Am Boden der Vase zwischen den Atila-Zwiebeln befindet sich die zähflüssige Substanz, die für die Herstellung der Beziehungsbänder benötigt wird.

Lichtperle

Die Lichtperle dient den liebevollen engeren und den freien freundschaftlichen Beziehungen, indem sie, von der direkten Verbindung mit der göttlichen Instanz profitierend, mit einfachen Strukturen, unter Miteinbeziehung des Dilectio, der seine kostbare Energie der Liebe beisteuert, eine fürsorgende Zugewandtheit und unabhängige Verbindlichkeit erzeugt, die als warme sichernde, unterstützende Atmosphäre zwischen den verbundenen Menschen steht.

***

Die Lichtperle befindet sich im oberen Teil des Annexus, direkt unterhalb des Trichters. Sie besitzt einen eiförmigen Körper, dessen dicke, glasharte Hülle den kugelförmigen Schee – die Seele der Lichtperle und zuständig für die Erzeugung und Aufrechterhaltung der weichen, weißen Beziehungsbänder – schützt, der, in einer weißen Substanz eingebettet, von der göttlichen Instanz mittels des Divinos Kanals mit kostbaren Energien genährt wird.

Die Beziehungsbänder verlassen die Lichtperle, eine direkte Verbindung mit dem Schee aufrechterhaltend, an der Vorderseite des Annexus durch die wundervoll anzusehenden Strukturen einer Blüte und versuchen, mit dem gewogenen Mitmenschen eine Verbindung herzustellen. Sie treten geordnet, sich einen Weg durch einen der Blütenstempel bahnend, ins fremde Annexus System ein, schlingen sich zwei-, dreimal um die Lichtperle des geliebten Menschen und erhalten dort Anschluss an den Schee. Über die weißen Beziehungsbänder der Lichtperle findet mittels eines sehr dünnen Kanals ein mäßig lebhafter Energieaustausch zwischen den verbundenen Menschen immer dann statt, wenn sie einander zugeneigt sind.

Beziehungsbänder von der Lichtperle zur Erde, zu positiven Elementalen und der Sonne mit ihren Planeten bestehen immer dann, wenn ihren positiven Aspekten etwas abgewonnen werden kann. Sie umschlingen die Lichtperle ebenfalls horizontal, streben aber dann nach oben oder nach unten, um den Annexus zu verlassen und Verbindungen mit den fremden energetischen Strukturen einzugehen.

Erwartungsbehaftete schwierige Beziehungen werden, solange keine ernsthaften Friedensbemühungen stattfinden, nicht von der Lichtperle unterstützt. Ist der Mensch nicht beziehungsfähig und nicht eine einzige seiner zwischenmenschlichen Verbindungen findet auf einer liebevollen Ebene statt, zieht sich die göttliche Instanz zurück und der Schee, auf die nährenden Energien angewiesen, vertrocknet ungenützt. Erste Versuche Erwartungen zurückzunehmen, werden von der göttlichen Instanz sofort mit belebenden Energien belohnt, die eine vollständige Regenerierung in die Wege leiten.

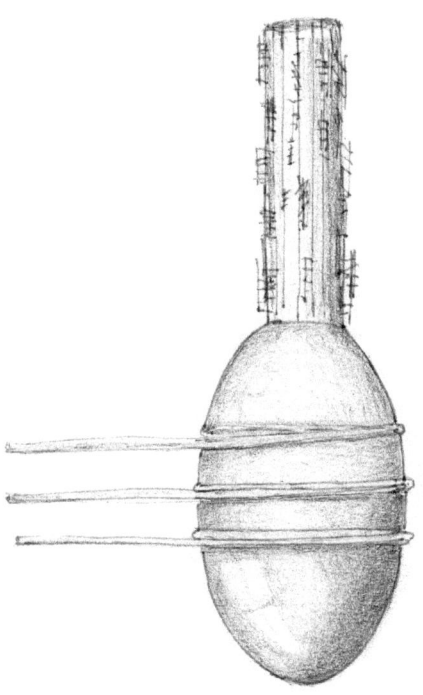

Das Bild zeigt die eiförmige weiße Lichtperle mit drei feinen zarten Beziehungsbändern. Von oben führt der fragil anmutende, mit zarten weißen Kristallen besetzte Divinos Kanal zur Lichtperle.

An der Vorderseite sichtbar, befindet sich der blütenähnliche geordnete Durchgang für die weichen zarten Beziehungsbänder. Die Blüte ist individuell unterschiedlich aufgebaut und gefärbt, besteht jedoch immer aus mehreren äußeren, blütenblattartigen Gebilden mit unterschiedlich vielen und verschieden langen Stempeln, die sich im Laufe der menschlichen Existenz nicht ändern und einiges über die Kontaktfreudigkeit des Menschen aussagen.

Annexus Organe

Die Annexus Organe bringen sich, wie bereits erwähnt und hier nur mehr kurz umrissen, in die Reihe ihrer energetischen Verwandten mit ihren verebbenden Gedankenfragmenten ein, um den immer auf egoistischen Anliegen beruhenden Prozessen eine weitere zwischenmenschliche Komponente hinzuzufügen und dem physischen Körper in Wechselwirkung mit den anderen energetischen Organen sichtbare Reaktionen abzuringen, die in schlimmeren Fällen auch Krankheiten nach sich ziehen können.

Sie sind, so wie das Annexus Herz, auch an der Einforderung unangenehmer egoistischer Erwartungen beteiligt und erzeugen dementsprechend derbe Beziehungsbänder, die energetische Abhängigkeiten und Verbindlichkeiten, ebenfalls mit Wirkung auf die physischen Organe, schaffen und mit Einverständnis des gleichgesinnten Gegenübers das gegengleiche fremde Annexus Organ umschlingen.

* * *

Der Aufbau der Annexus Organe ist dem des Annexus Herzens sehr ähnlich, mit denselben Funktionen ausgestattet, jedoch auf Organebene mit physischen Auswirkungen beschränkt.

Sie bestehen aus einer kleinen Steuerungszentrale, die mittels eines dünnen Röhrchens mit dem Annexus Herz verbunden ist und persönlichkeitsteilaspektsabhängige Erinnerungen physischer Art übermittelt bekommt, die dem Kreislauf geladener Impulse einverleibt werden, den drei Koblerstöcken – ebenso den Mitmenschen, der Erde, den Elementen und dem Sonnensystem gewidmet – und dem Bingsystem, das den verschmutzten Strom geladener Erinnerungen aufbereitet und verarbeitet.

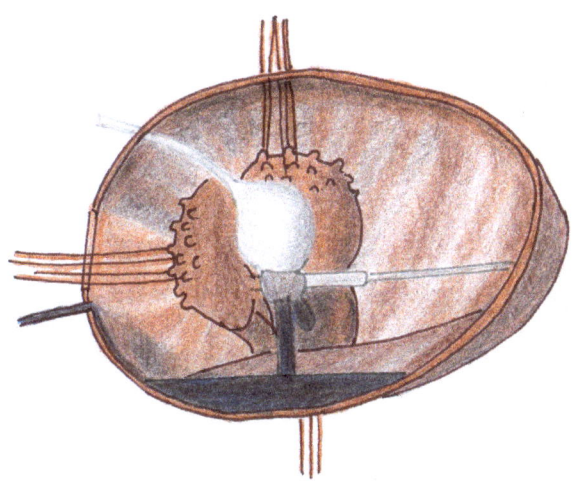

Das Bild zeigt eines der Annexus Organe im Längsschnitt. In der tieferen Wanne sammeln sich die geladenen Erinnerungen, vom Speicher mittels ein bis zwei Verbindungsleitungen überstellt, in der hinteren befindet sich die Öffnung für die Beziehungsbänder. Die dunkelgraue Bühne hält Steigleitung, Trennzellen und Bingtrichter und sichert die Statik ab.

Das Bingsystem der Organe ist etwas anders aufgebaut als das des Annexus Herzens, da sie unterschiedliche Datentypen verarbeiten müssen. Es besteht jedoch ebenfalls aus einer Steigleitung, den Trennzellen mit dem Schmutzbeutel und dem Bingtrichter.

Die Funktionsweise wird hier nicht mehr näher erläutert, die Unterschiede sind lediglich baulicher Art und betreffen hauptsächlich den Bingtrichter, der mit einem seitlich an der Wand befestigten Ventilator und bloß einem einzigen großen Datenro ausgestattet ist.

Das Bild zeigt das Bingsystem eines der Annexus Organe im Längs-schnitt. Der kugelförmige Bingtrichter ist mit einem einzigen sehr großen Datenro ausgestattet, an der gegenüberliegenden Seite befinden sich die Turbulenzen erzeugenden Flügel des Ventilators, der idealerweise zeitgleich eine neutralisierende dichte Atmosphä-re erzeugt. Steigleitung, Trennzellen und der Schmutzbeutel glei-chen exakt denen des Annexus Herzens.

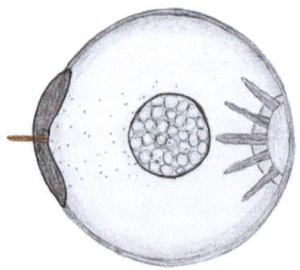

Das Bild zeigt den Bingtrichter im Querschnitt. Links im Bild be-findet sich der große Datenro, gegenüber der Ventilator mit sei-nen fünf Flügeln.

Erinnerungsspeicher

Der Erinnerungsspeicher speichert all jene brisanten Informationen, die in konfliktbehafteten Beziehungen als Erinnerungen entstehen und zu diesem Zeitpunkt nicht angenommen werden können, weil der Mensch seinen feindlich gesinnten Standpunkt nicht aufgeben will. Das bedeutet nicht, dass nicht zornig oder eifersüchtig scharfe Schranken gesetzt werden dürfen – der Konflikt endet jedoch diszipliniert mit einer traurigen Akzeptanz, keinerlei zurückbleibenden Rachsuchtgedanken und vor allem mit befriedeten Erinnerungen.

* * *

Der Erinnerungsspeicher befindet sich direkt unterhalb der weichen Schutzhülle des Annexus. Er besteht aus unzähligen kleinen robusten, gegeneinander verschiebbaren Kammern, die unzählige Speicherperlen, umgeben von einer dünnflüssigen isolierenden Substanz, aufnehmen. Die Kammern, von einer hochviskosen Flüssigkeit, die von der göttlichen Instanz mittels mehrerer dünner Röhrchen in den Speicher geleitet wird, gleitfähig gehalten, müssen den gewaltsam durchbrechenden Beziehungsbändern unbeschadet weichen können. Dementsprechend robust sind demnach auch die jeweils zwei Verbindungsröhrchen, die die Kammern entweder mit dem Annexus Organ oder dem Annexus Herz verbinden.

Der Datenaustausch erfolgt mittels Datenträgern, die jeweils mit einem Tropfen Information beladen sind. Vom Bingtrichter in Richtung Speicherkammer werden sie mit Hilfe einer vom Ventilator des Bingsystems erzeugten Atmosphäre transportiert, in die andere Richtung zu Beginn mit einer Schablone in Transportblasen verpackt, mittels einer von der göttlichen Instanz bereitgestellten Flüssigkeit genährt und durch dünne, mit Transportzellen ausgestatteten Kanälen zu den Organen transportiert.

Die Übergabe der Daten an die kleinen Speicherperlen erfolgt durch die starke magnetische Anziehungskraft des schweren gelartigen, in kleinen Zellen untergebrachten Speichermediums, das den Datentropfen vom vorbeiströmenden Datenträger saugt. Die Information löst sich erst wieder durch die resonante Anfrage eines leeren Datenträgers.

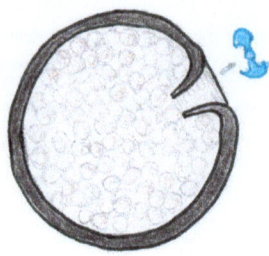

Das Bild zeigt eine der Speicherperlen der Speicherkammer im Querschnitt. Der hier blau eingezeichnete Datenträger wird von der für sie zuständigen Perle angezogen und aufgrund der magnetischen Wirkung des Speichermediums der Datentropfen abgesaugt.

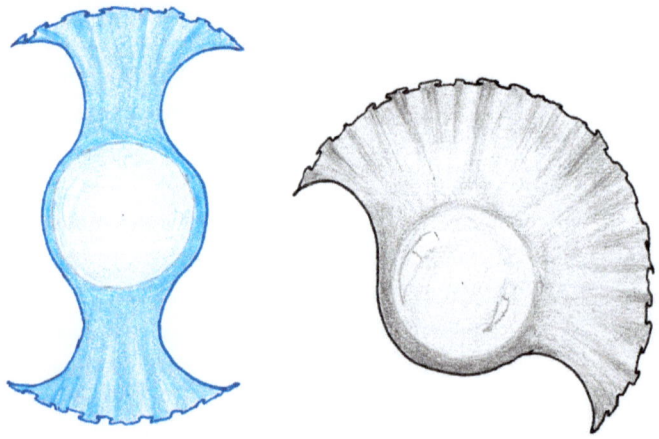

Auf den Bildern sind die zwei der vier gebräuchlichen Datenträger zu sehen, die für den Datentransport und -austausch zuständig sind.

Dilectio

Jeder Mensch strebt nach Liebe und Frieden in seinem Leben und die Sehnsucht danach motiviert ihn zu wahren Höchstleistungen. Die Bedeutung der Liebe geht jedoch über die Befriedigung eines elementaren Bedürfnisses weit hinaus, da ein liebender Mensch in der Lage ist zu verzeihen und mit unangenehmen Begegnungen sehr viel besser umgehen kann. Beides eine Grundvoraussetzung für ein wertschätzendes, befruchtendes und harmonisches Miteinander.

Der Wunsch – er trägt in sich die Weigerung der Veränderung und Weiterentwicklung –, so wie man ist gemocht und geschätzt zu werden, ist daher eine Vorstellung, die der Realität nicht standhält und den nahestehenden Mitmenschen nicht zugemutet werden kann.

Es fordert den anderen, so er tatsächlich liebt, heraus, der sich dadurch gezwungen sieht, ehrliche schmerzhafte, aber unschätzbar wertvolle Rückmeldungen zu geben, deren unweigerlich folgende Frustration die Chance der Entwicklung trägt. Der Glaube, dass mit einem liebesfähigen Menschen auch eine schöne Beziehung geführt werden kann, bricht sehr schnell zusammen, wenn den herausfordernden, gnadenlos ehrlichen Äußerungen nichts abgewonnen werden kann.

Der Einfluss der Liebe im Leben der Menschen ist nicht zu ermessen, ihrer ungeheuren Bedeutung entsprechend erhebt sie sich noch über die der Emotionen hinaus, sodass ihr eigens eine energetische Struktur gewidmet wurde: der Dilectio.

Bedeutung

Der Dilectio, dessen einzige Funktion technisch gesehen darin besteht, das menschliche System mit Liebe zu versorgen, und der sie, wenn vorhanden, großzügig an Nahestehende verteilt, erhebt sich autonom und unabhängig aus der geordneten Reihe der energetischen Körper, kann jedoch nur dann mit seinen kostbaren Energien aufwarten, wenn der Mensch verzeihungsfähig einen Fluss der Liebe zulassen kann und wenn die von den anderen energetischen Körpern stammenden, anstachelnden Impulse zuvor befriedet wurden.

Die Strukturen des Dilectio sind äußerst sensibel und leiden vor allem unter negativen Emotionen, die vom Sensus von unten hinauf-, und den egoistisch motivierten Energien, die vom Ingenium von oben hinuntergesendet, miteinander vermischt, eine Aggressivität entwickeln, die eine vollkommene nachhaltige Funktionsunfähigkeit des Dilectio nach sich ziehen können und der quälende Liebesmangel, als unbefriedigtes elementares Bedürfnis, erzeugt eine zukünftige negative Kraft im Leben des Menschen.

Der ursächliche Liebesmangel, aus gesellschaftspolitisch sozialer Sicht betrachtet, entsteht schon sehr früh mit künstlich erzeugten Ängsten während der Schwangerschaft, die den Müttern heutzutage von Technikern durchgeführte, gut überwachte klinisch kalte Geburten einreden, die mitunter eine verheerende Wirkung auf das liebesbedürftige, sensible Kind haben können.

Wohlwissend, wie die teuren Geburtstechniken so lückenlos wie möglich verkauft werden können, wurden – und das ist zwar ein wesentlicher, aber nicht der alleinige Grund – den Hebammen per Gesetz die Verantwortung und die Hausgeburten aus den Händen genommen und nach Alternativen suchende Mütter bleiben mit ihren unvernünftigen Anliegen verzweifelt auf der Strecke.

Die sensible Zeit der Prägung der Mutter nach der Geburt auf ihr Kind wird dadurch – und, das muss hier auch betont werden, gilt nicht für alle technisch klinischen Geburten – missachtet und zerstört sehr früh die enge Bindung und damit den natürlichen Liebesfluss. Die Folgen sind unabschätzbar und beginnen mit einer komplizierten Stillzeit, einem geschwächten Immunsystem, anstrengenden Nächten und münden für das bereits ältere Kind in einer von landläufigen Meinungen und Vorstellungen gezeichneten Erziehung, da der Hausverstand, der sich durch eine echte Liebesverbindung natürlicherweise entwickelt, und der Mut, die Kinder im Bedarfsfall vor eigenen Unzulänglichkeiten und vor amtlich offiziellen Empfehlungen zu schützen, abhandengekommen ist.

Dadurch entsteht eine kalte verrohte Gesellschaft, die sich, unehrlich den Menschenrechten trotzend, hinter einem unmenschlichen komplizierten Regelwerk von Gesetzen versteckt, die scheinbar schützend, Gerechtigkeit versprechend leider sehr oft von Menschen bar jeden Mitgefühls angewendet werden und, wenn jedes Rechtsmittel ausgenutzt wird, existenzzerstörend ohne Wiedergutmachung rücksichtslos jede Verantwortung ablehnt.

Im Kindesalter ist man lieblosen Eltern und Erziehung hilflos ausgeliefert, ab der Adoleszenz ist der Mensch jedoch gefordert, sich aus dem depressiven Liebesmangel zu erheben, nicht um die Flucht nach vorne anzutreten, mitleidslos agierend, sondern stetig und beständig die eigenen Krisen überwindend, einerseits selbstbewusst das Richtige für sich selbst zu tun und andererseits wieder ein Gefühl für die wahren Bedürfnisse seiner Mitmenschen zu entwickeln. Die zerstörten Strukturen des Dilectio können sich dann aufgrund eines ausgeglichenen emotionalen Haushaltes und einer sich zurücknehmenden, disziplinierten Persönlichkeit wieder erholen und erlauben ein sinnvolles Leben, das von Liebe zu den Mitmenschen und der Umwelt erfüllt ist.

Anatomie und Funktionsweise

Der Dilectio, etwas schlanker und eleganter in seiner Gestalt als der gedrungene Annexus, besitzt ebenfalls einen eiförmigen Körper, an dessen Rückseite außen auffällig prachtvolle Flügel, die sogenannten Nachi-Bänder, angebracht sind, die an Größe den Körper noch weit überragen. Sie sind es, die auf Initiative des Dilectio

Herzens, unterstützt von der göttlichen Instanz, die kostbare Energie der Liebe erzeugen.

Das Herz des Dilectio, im Zentrum des Dilectio angesiedelt, zusammen mit den anderen Organen von einer flexiblen dichten, dünnwandigen bewahrenden Außenhülle vor Energieverlust geschützt, besitzt jedoch als einziges Organ eine direkte Verbindung mit den Nachi-Bändern: erstens mittels dünner signalsendender Leitungen in Richtung Nachi-Bänder und zweitens mit Hilfe energieübermittelnder Energiekanäle in Richtung Dilectio Herz.

Die beiden wichtigsten Funktionen, die der Dilectio zu leisten hat, sind die Erzeugung der Liebe und ihre Wahrnehmung. Deswegen ist das Dilectio Herz mit Sensoren ausgestattet, die, den Speicherzellen des Sensus Herzens gleich, die Liebe ins fühlbare Blickfeld rücken und mittels ihrer Umhüllung eine puffernde Funktion ausüben. Die Energie der Liebe verbraucht sich viel zu schnell durch die Wahrnehmung der Sensoren, wirkt aber entlang ihrer Lebenszeit, sich ebenfalls verbrauchend, frequenzunabhängig und systemübergreifend, wohltuend und heilend auf die komplizierte Psyche des Menschen und seine energetischen Strukturen. Das unterscheidet das Herz von den Organen, die rein auf körperlicher Ebene für eine verteilende heilende Wirkung verantwortlich sind.

Die Liebe spielt im Leben der meisten Menschen aufgrund ihres qualvollen Mangels eine abwesende, untergeordnete Rolle, weil sie mit unlauteren Mitteln eingefordert wird. Die egoistischen Erwartungshaltungen gemeinsam mit den damit verbundenen, unvermeidlich negativen Emotionen zerstören die sensiblen Strukturen des Dilectio sehr schnell. Kaum ein Mensch ist daher in der Lage Liebe zu erzeugen, weil sie außerdem mit dem nur kurz befriedigenden Gefühl erfüllter Erwartungen und mit sexueller Begierde, hier ist nicht die technische gemeint, verwechselt wird. Erste Versuche, die egoistischen Ansprüche zurückzunehmen und unverbindlich zu lieben, müssen deswegen von der göttlichen Instanz unterstützt werden, die sich über den Umweg der blauen

Lichtperle mit anregenden Impulsen einbringt. Die direkte Verbindung der göttlichen Instanz mittels des Divinos Kanals mit dem Dilectio Herz sorgt dann für einen stetigen Fluss heilender Energien, der sich, das Verteilersystem des Herzens nutzend, sehr schnell im gesamten Körper ausbreitet.

Die Liebe füllt, wenn sie natürlicherweise entsteht immer aus einem spontanen Gefühl der Öffnung für einen nahestehenden, disziplinierten liebenswerten Menschen der geschätzt wird und viel schwieriger dann, wenn man den Blick auf die potentiellen Qualitäten des anspruchsvollen Mitmenschen lenken muss, dann mehr oder weniger üppig die Dilectio Organe und die Kammern, Blasen und Kanäle des Verteilersystems. Die anwesende Liebe, dem anderen zugedacht, wird dann auf unbewusste Weise mit Hilfe des an der Vorderseite des Dilectio befindlichen Dilectio Kanals vermittels einer eigens dafür zuständigen Übermittlungsstelle zugestellt. Entgegen der allgemeinen Vorstellung, dass die Liebe als wohltuende, heilende Energie nicht abgelehnt werden kann, erfährt der liebende Mensch mitunter ruppige Reaktionen, weil sein Gegenüber aus unterschiedlichsten Gründen der Reserviertheit einfach nicht kann.

Solange im System vorhanden –, verbraucht von den Sensoren, der Zustellung und ihren heilenden Diensten – entwickelt sich aufgrund der durchlässigen Schutzhülle und der sensiblen feinen Materialien der Organe des Verteilersystems eine übergreifende resonante Wirkung, die nicht nur nahestehende Mitmenschen erfasst, sondern den Gesetzen der Energiematerie folgend, ortsunabhängig auf die gesamte Menschheit einen diffizilen Einfluss ausübt, der, je mehr Menschen liebesfähig geworden sind, das allgemeine Niveau der Menschen in Bezug auf Mitmenschlichkeit immer mehr hebt.

Für die leicht flüchtige, sich schnell verbrauchende Liebe existiert keine energetische Speicherstruktur, von der der Mensch in schwierigen Zeiten profitieren könnte. Aus höherer Sicht sollte der liebesfähig gewordene Mensch mit funktionierenden

Dilectiostrukturen nahestehende Menschen natürlicherweise mit seiner Liebe bedenken können und aufgrund ihrer heilenden Wirkung einen gesunden Ekel vor Misshandlungen und Ungerechtigkeiten entwickelt haben.

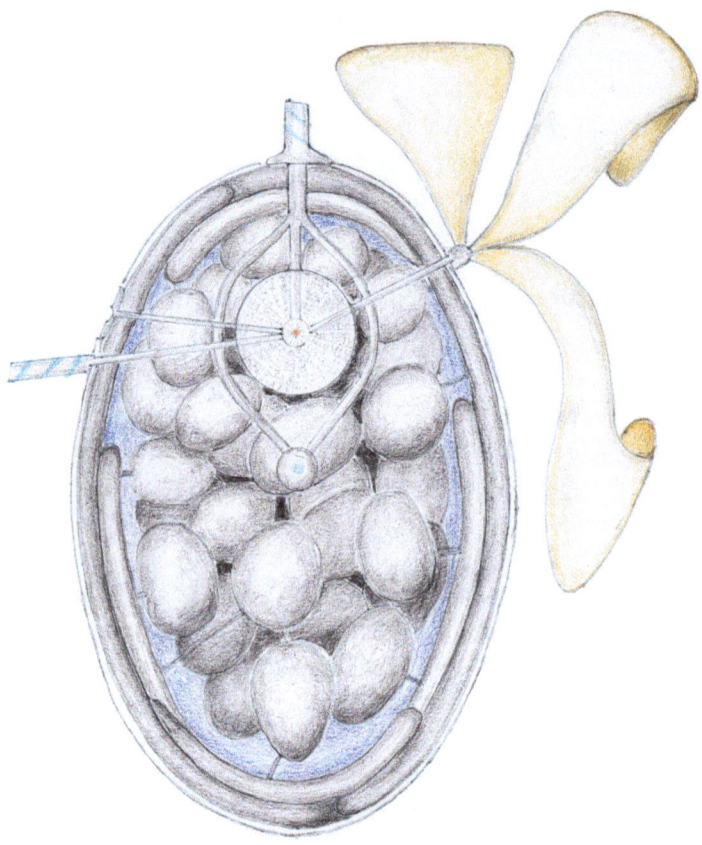

Das Bild zeigt den Dilectio im Längsschnitt. Rechts oben sind die großen prachtvollen Nachi-Bänder zu sehen, die vom Dilectio Herz im Zentrum, gemeinsam und unterstützt über den Umweg der hier unübersehbaren blauen Lichtperle von der göttlichen Instanz mittels des Divinos Kanals, angesteuert werden. Rund um die blaue Lichtperle und das Dilectio Herz sind zunächst die Dilectio Organe und weiter außen die Blasen und Kanäle des Verteilersystems angeordnet. Links im Bild ist der Dilectio Kanal zu erkennen, mit dessen Hilfe die erzeugte Liebe anderen Menschen zugestellt werden kann, gleich oberhalb befindet sich die dafür nötige Übermittlungsstelle.

Dilectio Herz

Dem Dilectio Herz obliegt die gesamte organisatorische Arbeit, die das Wirken der Liebe im Leben des Menschen ausmacht. Es initiiert – der bemühte Mensch wird dabei von der göttlichen Instanz unterstützt –, individuell gewidmet die Erzeugung der Liebe, indem es meist ständig insistierend und leider sehr selten entspannt die Nachi-Bänder damit beauftragt, die in einem komplizierten, langsam anlaufenden und Animositäten überwindenden Prozess die kostbare Energie der Liebe bereitstellen. Erst einmal in Gang gekommen, fließt die Liebe natürlich und gelöst, strömt zum Dilectio Herz und breitet sich im Speichergewebe, von den Sensoren wahrgenommen, aus. Der Überschuss fließt sehr schnell in die Organe und von dort in den äußeren Bereich der Blasen und Kanäle ab und wird, ebenfalls auf Geheiß des Herzens, an den auslösenden geliebten Mitmenschen übermittelt.

***

Das Dilectio Herz besteht aus einer großen Steuerungszentrale, zwei halbschalenförmige Kammern halten einen kraftfelderzeugenden rosaweinroten Kern mittels einer Spange fest, einer Reihe länglicher, radial um die Kammer der Steuerungszentrale angeordneter und mit Klappen ausgestatteter Steuerelemente und den Speicherzellen, in Kammern untergebracht und nicht alle mit einem liebesempfindlichen Nachi-Sensor versehen. Das Herz ist von einer dichten weichen Hülle umgeben, die eine ungeordnete verschwendende Ausbreitung der Liebe verhindert.

Zum Herzen führen, rückflussgesichert, die Übermittlungskanäle der Nachi-Bänder und der Übergabestelle. Die Steuerelemente übernehmen die ebenfalls rücklaufsichere, gleichmäßige, fallweise bedarfsabhängige Verteilung der Liebe innerhalb des Herzens auf die Speicherzellen und außerhalb auf die Dilectio Organe, die Blasen und Kanäle des Verteilersystems und den Dilectio Kanal, der sie an den geliebten Menschen weiterleitet. Die Übermittlung der impulsgebenden Signale an die Nachi-Bänder wird mit Hilfe dünner isolierter Leitungen durchgeführt.

Von oben führt der Divinos Kanal zum Dilectio Herz, der sich kurz oberhalb verzweigt, um mittels vier weiterer, nun entsprechend schlankerer Kanäle auch die blaue Lichtperle mit heilenden, regenerierenden Liebesenergien und vor allem mit initiierenden, anregend wirkenden Impulsen zu versorgen, die dort kurzfristig gespeichert über eine dünne isolierte Leitung in einem stetigen Strom zum Herzen gesendet werden. Das Dilectio Herz greift die Impulse auf, nutzt sie inspirierend, das Kraftfeld verstärkt und leitet sie, einem geliebten Menschen gewidmet, an die Nachi-Bänder weiter. Sind die Signale intensiv genug, springen die Nachi-Bänder nach und nach an, verdichten und prägen aufwändig neutrale Energie und sammeln und senden sie zunächst über viele feine Kanäle zum Dilectio und von dort mittels eines einzigen großen zum Dilectio Herz.

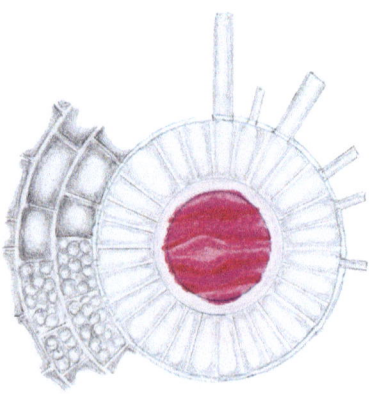

Das Bild zeigt einen Ausschnitt des Dilectio Herzens im Querschnitt. Im Zentrum ist die große Herzkammer mit dem rosa weinroten Kern zu sehen, von radial angeordneten Steuerelementen gleichmäßig umgeben. Im Anschluss folgen die kleinen, in weichen flexiblen Kammern untergebrachten Speicherzellen, die nicht alle mit Nachi-Sensoren ausgestattet sind. Ihre Verteilung ist unregelmäßig und nimmt von der Mitte her nach außen hin ab. Von oben führt der Divinos Kanal zum Herz, von rechts oben kommend der Kanal der Nachi-Bänder und von links, hier verdeckt, der Dilectio Kanal. Der Kanal von der Übermittlungsstelle zum Herz, der Vollständigkeit halber hier angeführt, führt von vorne zum Herz und ist deswegen ebenso nicht zu sehen.

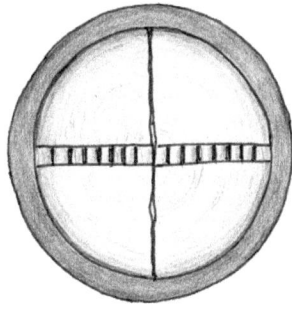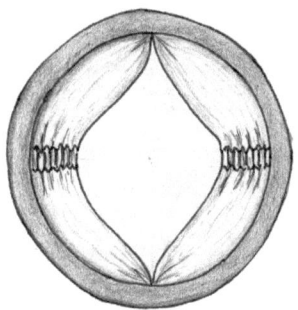

Die beiden Bilder zeigen die durchflussregulierenden Spangenverschlüsse der Steuerelemente. Die Verschlüsse bestehen aus einem zweigeteilten, zähen faltbaren Material, das mittels jeweils einer Spange geöffnet oder verschlossen werden kann. In einem gesunden ausgeglichenen System sind die Spangenverschlüsse entspannt und offen.

Die nahezu kugelförmigen Speicherzellen bestehen aus unzähligen kleinen, mit einem fraktalähnlichen, weichen Gewebe gefüllten Kammern, die der Energie der Liebe einen sicheren Aufenthaltsort bis zur ihrem vollständigen Verbrauch zur Verfügung stellen. Sie sind von einer seidigen Schutzhülle umgeben, die, aufgrund der Saugwirkung des Innengewebes und der sich in dieser Richtung leicht öffnenden Poren, die Energie ungehindert hindurch, aber nicht mehr entweichen lässt.

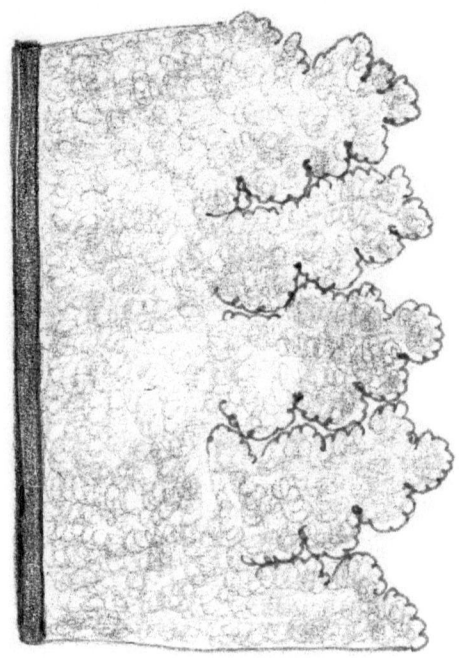

Das Bild zeigt das fraktalähnliche Innengewebe, das den Innenraum der Speicherzellen füllt.

Einige der Speicherzellen sind mit einem kleinen empfindlichen Nachi-Sensor ausgestattet, der im Zentrum der offenen Speicherzelle untergebracht ist. Im Vergleich zu den Umba-Sensoren des Sensus sind sie um das Hundertfache größer und um einiges sensibler, ihre Arbeit besteht jedoch nicht primär darin, die kostbare Energie zu verbrauchen, sondern ihre Anwesenheit im System fühlbar in den Mittelpunkt zu rücken.

Die Nachi-Sensoren bestehen aus einer cremeweißen hochviskosen, unter Energieeinfluss flüssiger werdenden Substanz, die von einem Kern zusammengehalten und mittels mehrerer Streben mit der Außenhülle der Speicherzelle befestigt ist. Strukturen, die Verdrängungsbemühungen umsetzen können, findet man hier keine.

Das Bild zeigt den Nachi-Sensor im Detail.

Dilectio Organe

Die Aufgabe der Dilectio Organe ist denkbar einfach: Sie gewähren der kostbaren und meist selten anwesenden Liebe einen bewahrenden Aufenthaltsort, innerhalb dessen sie ihre heilende entspannende Wirkung auf die ihnen zugeordneten energetischen und physischen Organe ausüben und, aufgrund der festeren Strukturen der Organe gerade noch erwähnenswert, ihre resonanten Eigenschaften, wenn auch nur schwach, entfaltet werden können.

∗∗∗

Die ungleich großen und verschieden geformten Dilectio Organe bestehen aus einer kleinen, ebenfalls aus zwei halbschalenförmigen Kammern bestehenden, mit einem orangegelben Kern ausgestatteten Steuerungszentrale, wenigen radial angeordneten Steuerelementen und die im Anschluss in kleinen Kammern untergebrachten Speicherzellen, von denen nur wenige mit Nachi-Sensoren, jenen des Dilectio Herzens in ihrer Empfindsamkeit ebenbürtig, ausgestattet sind.

Die Dilectio Organe werden vom Dilectio Herz mittels eines rückflussgesicherten Zuflusskanals mit der im System befindlichen Liebe versorgt, sie besitzen keine Verbindung mit den Nachi-Bändern, dem Dilectio- oder dem Divinos Kanal. Die Rückflusssicherung innerhalb der Kanäle, und damit sind alle des Dilectio Systems gemeint, erfolgt mittels kleiner Transportzellen, die, hintereinandergeschaltet, durch Rückschlagklappen gesichert, jeweils einen richtungsweisenden Kanal bilden.

Dilectio Kanal

Der Dilectio Körper ist mit genau einem Dilectio Kanal ausgestattet, der, an der Vorderseite angeschlossen, mit dem Dilectio Herz verbunden die entstandene gewidmete Liebe dem geliebten Menschen zustellen kann. Die Übermittlung der Liebe an das fremde System erfolgt mit Hilfe einer eigens dafür vorgesehenen Anschlussstelle, die oberhalb des Dilectio Kanals zu finden ist und ebenfalls eine direkte Verbindung mit dem Herz besitzt.

Der Dilectio Kanal ist relativ dick und erhält durch mehrere blaue, spiralförmig eingearbeitete, schwach sichtbare Bänder Stabilität. Die Transportzellen im Inneren versichern, dass die Liebe ausschließlich zugestellt und nicht abgesaugt werden kann. Das vordere Ende teilt sich in vier Arme, die genau in die vier Ausnehmungen der Anschlussstelle passen.

Blaue Lichtperle

Die blaue Lichtperle, als Vertreter und Botschafter der göttlichen Instanz innerhalb der Strukturen des Dilectio, hat die Aufgabe, den liebenden bemühten Menschen zu unterstützen, indem sie, vermittels der vierfachen direkten Verbindung mit dem Divinos Kanal, die hereinströmenden nährenden schützenden Energien für ihre Umhüllung und Lebensfähigkeit und die im Strom übermittelten, potentiell zündenden Impulse für den sofortigen oder späteren Gebrauch aufbewahrt.

Die gesammelten, nur dann lebensfähigen Impulse, wenn aufgrund einer disziplinierten Lebensweise und genügend langer Abwesenheit negativer Emotionen die Verbindung mit der göttlichen Instanz aufrecht bleibt, streben ohne Unterlass mittels einer isolierten dünnen Verbindungsleitung zum Dilectio Herz. Im Idealfall werden sie, ihre anregende Wirkung nutzend, aufgegriffen, gewidmet und verstärkt und ihrem Zweck entsprechend an die Nachi-Bänder gesendet. Der beleidigt oder böse nach innen zurückgezogene Mensch sieht die kostbaren Impulse erlöschen.

***

Der Divinos Kanal führt von der Oberseite zum Dilectio und endet dort in einer dafür vorgesehenen Anschlussstelle. Er besteht aus einem flexiblen Schlauch, der ebenso wie der Dilectio Kanal durch spiralförmig eingearbeitete, diesmal hellgelbe Bänder Steifigkeit und Festigkeit erhält. Sein unteres Ende ist mit vier Armen ausgestattet, die kreuzförmig in den flachen Ausnehmungen der Anschlussstelle liegen und fix damit verbunden sind.

Von der Anschlussstelle führt ein mit Transportzellen ausgestatteter Kanal in das Innere des Dilectio Systems, verzweigt sich dort mehrfach, wobei der mittlere Kanal direkt zum Dilectio Herzen und die weiteren vier in einem Bogen um das Herz herum zur blauen Lichtperle führen.

Die blaue Lichtperle besteht aus einem leuchtend blauen, manchmal auch türkisen Kern, der außen glashart und im Inneren mit einer amorphen Speicherstruktur ausgestattet von einer dicken, leicht durchscheinenden Schutzhülle umgeben ist. Die Schutzhülle besitzt ein großes Auge, das den ankommenden Impulsen einen geordneten Zugang zum Speichermedium der blauen Lichtperle zur Verfügung stellt und darüber hinaus dem Betrachter einen Blick auf den eindrucksvollen blauen Kern gewährt.

Kern und Schutzhülle sind zunächst von einer dicken Schicht Speicherzellen ohne Nachi-Sensoren umgeben, denen im Anschluss mehrere Lagen energieaufnehmender kleiner Blasen ohne Speichergewebe folgen.

Nachi-Bänder

Die Nachi-Bänder, die aufgrund ihrer raumeinnehmenden Größe an der Außenseite des Dilectio angebracht sind, arbeiten auf Initiative des Dilectio Herzens, einer entspannten Stimmung der Zuneigung folgend, die lohnend unterstützt von der göttlichen Instanz zu einer Initialzündung führt und in weiterer Folge zur Erzeugung von einer Flut der Liebe, die an das Dilectio Herz zurücksendet wird.

Die Anzahl und die Größe der Nachi-Bänder ist von Mensch zu Mensch unterschiedlich, man findet in der Regel zwischen ein und vier Stück, die alle die Form eines spitzwinkeligen Dreiecks besitzen. Sie sind aus vielen kleinen, mit silbernen und goldenen Leitungen gefassten, aneinandergereihten kugelrunden Perlen zusammengesetzt, die auf diese Weise einen großen weichen Perlenteppich bilden. Die Fassungen werden für die Zustellung der initialen Impulse zu den Perlen genutzt. Die Ober- und die Unterseite der Bänder ist lückenlos bedeckt von einer durchgehenden Schicht leitfähiger Speicherzellen, die den Strom der Liebe in Richtung Dilectio Körper lenken.

Die Farbe der Perlen ist unbenutzt unscheinbar blassgrau, erzeugen sie jedoch die Energie der Liebe breiten sich die Flügel der Nachi-Bänder ihrer ganzen Größe nach aus und ihre Perlen glitzern, strahlen und leuchten durch die Speicherzellen hindurch, individuell unterschiedlich in den Farben Weiß, Gold, Silber und allen Blauschattierungen.

Im Inneren jeder Perle befinden sich jeweils mehrere, aus einem seidigen, straff gespannten Gewebe bestehende kleine Zellen, die mit einer aus zwei Litzen gedrehten, zwischen zwei gegenüberliegenden Zellwänden aufgespannten Nachi-Schnur ausgestattet sind. Die Litzen bestehen aus einem leichtmetallähnlichen gezogenen Material, der Querschnitt gleicht einem einfachen Eiskristall mit fünf Spitzen. Die Nachi-Schnur verdichtet in einem schwingungsfreien Umfeld die vom Energieversorgungs-System mittels Kanälen zu den Bändern geleitete neutrale frequenzunabhängige Energie auf eine ganz spezielle Art, durch ultraschnelle variantenreiche Vibrationsbewegungen.

Die entstehende Liebe ist eine heiße Energie, die zunächst die Perle füllt und dabei die Poren des glasharten Mantels der Perle aufweicht und öffnet. Die verdichtete Energie entweicht, wird von den Speicherzellen aufgenommen und zum Dilectio geleitet. In jeder Perle befindet sich immer nur eine aktive Zelle, die tatsächlich auf anregende Impulse reagiert, die anderen dienen als Ersatz und übernehmen im Bedarfsfall.

Dolor

Der Dolor ist eine energetische Struktur, die einzig dem Zweck dient, des Menschen schmerzhafteste Zeiten zu begleiten, als Zwischenspeicher gedacht, um den in Unfällen und Verletzungen durch Schock, Überforderung der Schmerznerven oder schmerzdämpfender Mittel überschüssigen Schmerz aufzunehmen und geordnet, langsam unmerklich oder merkbar als Heilungsschmerz wieder abzugeben. Der Beweis für die Existenz des Dolor sind die bisher nicht erklärbaren Phantomschmerzen, die dann jedoch nicht vom Dolor selbst, sondern umgelenkt vom Lichtkörper, der, dem physischen Körper gleich, während der Inkarnation neben ihm bestehend nach dem Tode zur Verfügung steht, empfunden werden.

Bedeutung

Der Dolor, in der Kette der energetischen Körper aufgrund seiner Frequenz an dieser Stelle noch vor dem Karmischen und dem Genetischen gereiht, nimmt eine vollkommen autonome Sonderstellung ohne Verbindung mit den anderen energetischen Körpern ein: Er dient ausschließlich als Schmerzspeicher großer Kapazität jenes Schmerzes, der nicht zeitgleich von den Schmerznerven des physischen Körpers verbraucht werden kann. Das ist abgesehen von sehr kleinen Verletzungen oder Entzündungen nahezu immer der Fall und nimmt bei schweren Verletzungen oder Verletzungen mit tödlichem Ausgang größere Ausmaße an. Der Dolor dient jedenfalls als Puffer, der die überschüssige Schmerzenergie aufnimmt und danach sehr langsam und meist unmerklich wieder abgibt.

Im Idealfall wird der Dolor nur sehr selten gebraucht, da in einer friedlichen sicheren Welt gewaltsame Tode und Folterungen nicht vorkommen. Der Mensch lebt bescheiden, sich selbst und seine

Nächsten liebend, umsichtig und riskiert nicht zu viel. Die Unfälle, die dennoch passieren, sind selten und werden vom Schmerzspeicher ohne Probleme verkraftet, eine von grausamen Foltermethoden des Mittelalters gezeichnete Menschheit muss jedoch mit nahezu voll gefüllten Schmerzspeichern rechnen, die, wenn ihre Kapazitäten erschöpft sind – und die zurzeit üblichen, aus Kostengründen bedarfserzeugend zu leichtfertig angeordneten Operationen stellen ein enormes Risiko dar –, entleert werden müssen.

Von der göttlichen Instanz beschlossen und dem Menschen zugemutet, werden seine Schleusen geöffnet, sodass ein existenzgefährdender, Betreuung erfordernder, sich über einen maximal zweieinhalb Jahre hinwegziehender äußerst schmerzhafter Prozess mit monatelangem Höhepunkt ins Rollen kommt. Die unerklärlichen, häufigen Schmerzschübe der unterschiedlichsten Art, je nach Vergangenheit sehr individuell, sind in bestimmten Phasen unerträglich, können jedoch mit geeigneten, gut wirksamen, intravenös verabreichten Schmerzmitteln gut gestreckt werden und dem gequälten Menschen werden wichtige psychische Erholpausen gegönnt.

Die Schmerzbehandlungsmethoden der heutigen Ärzteschaft sind jedoch nicht geeignet, Menschen durch diesen Prozess menschenwürdig zu begleiten. Ohne Diagnose, und die ist in diesen Fällen nicht zu stellen, wird der Mensch, weil ihm nicht geglaubt wird, an die Psychiatrie verwiesen und mit falschen Mitteln benebelnder Wirkung versorgt, die guten Schmerzmittel bleiben unter Verschluss und die minderwertigen, kaum wirksamen und Hauptsache-sie-töten-nicht-Medikamente lassen den gequälten Menschen unter einer großen Zahl Nebenwirkungen zusätzlich leiden.

Die freiwillige Beendigung der Inkarnation stoppt in diesen Fällen den Prozess der Entleerung leider nicht, da auch der Lichtkörper mit Schmerznerven ausgestattet ist und übernimmt.

Anatomie und Funktionsweise

Der Dolor besitzt einen eiförmigen gedrungenen Körper, der mit der dicksten Schutzhülle aller aufwarten kann. Er bildet für die Organe des physischen Körpers eine stabile energetische Konstruktion, die ihn vor schädlicher Strahlung kosmischer Energien schützen soll. Die Organe des Dolor, ein übergeordnetes Herz Organ ist hier nicht zu finden, sind in stabilen Kammern und Räumen untergebracht, die von einem massiven Balkensystem getragen und gestützt werden.

Die ungleich großen und verschieden geformten Organe bestehen aus jeweils einer kleinen, aus einem kraftfelderzeugenden Kern und wenigen Verteilerkammern aufgebauten Steuerungszentrale, die mittels des Divinos Kanals mit der göttlichen Instanz verbunden ist und die kleinen Speicherperlen ansteuert, die in kleinen Kammern zusammengefasst rund um die Steuerungszentrale untergebracht sind.

Ist das Dolor Organ einem physischen Organ oder einer bestimmten Knochen-, Muskel-, Sehnengruppe zugeordnet, definieren ihre Speicherperlen jeweils kleine, sich nicht überschneidende Gewebegruppen, mit deren Schmerznerven sie mittels einer Schleuse direkt verbunden sind.

Die Verschiebung des Schmerzes von den Schmerznerven zu den Speicherperlen und umgekehrt erfolgt in einem nicht überlasteten System automatisch und unmerklich, je nachdem wo das Schmerzniveau höher ist. Der Druck des gefüllten Schmerzpuffers einer Nervenzelle drängt jedenfalls den Schmerz, in Schmerzatome verpackt und adressiert, durch die Schleuse zur kleinen Steuerungszentrale der Speicherperle, die jeweils eine eindeutige Kammer weiß, die dem Schmerznerv zugeordnet ist. Die schmerzende Nervenzelle verbraucht zeitgleich den Inhalt des Puffers, der dermaßen entlastet einen Unterdruck auf die gefüllte Speicherperle ausübt. Der Schmerz tröpfelt nun langsam und in kleinen Dosen, zurück zum Schmerzpuffer der Nervenzelle, die kaum fühlbar den gespeicherten Schmerz über einen sehr langen Zeitraum hinweg verbraucht. Eine derartige Feindosierung kann der Schmerzpuffer der Nervenzelle nicht leisten, dieser Schmerz drängt gnadenlos grausam zu ihren Sensoren.

In bestimmten Fällen greift die göttliche Instanz ein, immer dann, wenn in zu kurzer Zeit entweder durch Unfälle oder durch Schmerzmittel bei vielen Operationen verdrängter Schmerz in so großen Mengen gespeichert werden musste, dass ein natürlicher Puffermechanismus nicht mehr funktioniert. Die Schleusen werden dann in Richtung Nervenzelle verschlossen und in beruhigten Zeiten nicht ohne größere Krisen phasenweise geöffnet. Die heute üblichen Häufigkeiten der Operationen, denen sich der Mensch durchschnittlich unterzieht, nur kurz erwähnt und sehr gefährlich die Kaiserschnitte und Schönheitsoperationen, sind zu viel, um selbst mit dieser, kurzzeitig Krisen verursachenden Entleerung tatsächlich Entlastung zu bringen.

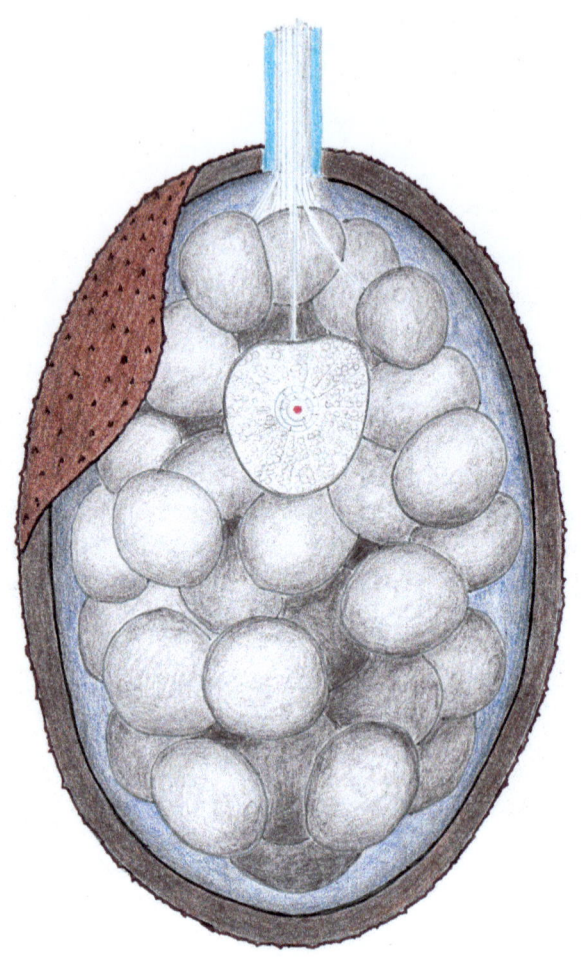

Das Bild zeigt den Dolor im Längsschnitt. In seinem Inneren sind, ein übergeordnetes vermissend, seine Organe untergebracht, von einer außergewöhnlich dicken Schutzhülle umgeben. Von oben führt der aus vielen Röhrchen bestehende Divinos Kanal zu jeweils einem Organ, um die Steuerung des Schmerzspeichers in Krisenzeiten zu übernehmen. Sie leiten außerdem ein heilend wirkendes Gas ins Innere des Körpers, um ein ordnungsgemäßes Funktionieren zu gewährleisten. Links unten ist das stabile Rahmengerüst zu sehen, das die Organe mit ihren schwergefüllten Lasten trägt.

Dolor Organe

Der Dolor, seiner Funktionsweise entsprechend sehr einfach aufgebaut, kommt mit gleichberechtigten Organen aus, die, mit wenig eigener Intelligenz ausgestattet, in Krisenfällen von der göttlichen Instanz gesteuert werden. Sie sind als Speichermedium enorm großer Kapazität ausgelegt, die nur in Zeiten des grausamen Mittelalters und in keinen jemals davor derart ausgelastet wurden. Davon kaum erholt, füllen sich ihre Speicher in der heutigen Zeit durch eine Unzahl unnötiger Operationen, die Schmerznerven lahmgelegt, der Schwere der Verletzungen entsprechend in ungeheurer Geschwindigkeit. Die Zeiten, die Entlastung bringen sollten, sind zu kurz, den ärztlichen Empfehlungen folgend verliert sich das Gefühl für die Gefährlichkeit und Grausamkeit der Eingriffe und Alternativen werden zu wenig verfolgt – eine allgemein etablierte fehlgeleitete Krankenversorgung mit Praktiken, für die der Dolor nicht ausgelegt ist.

✳✳✳

Die Dolor Organe, ungleich groß und verschieden geformt, bestehen aus unzähligen autonomen Speicherperlen, die jeweils ein Bündel Schmerznerven betreuen, und einer Steuerungszentrale mit Anschluss mittels des Divinos Kanals an die göttliche Instanz, mittels sich verzweigender Röhrchen mit den Speicherperlen und keiner Verbindung untereinander.

Die Speicherperlen bestehen aus einer kleinen Steuerungszentrale, die durch eine, aus einer einfachen Membran bestehenden Schleuse mit den ihr zugordneten Schmerznerven verbunden ist, die Übermittlung, druckausgleichend, erfolgt in beide Richtungen. Rund um die Speicherperle, angewiesen durch kleine Kammern, befinden sich kleine, glasperlengleiche Speicherzellen, die in Gruppen zusammengefasst einem bestimmten Schmerznerv und noch genauer einem der Schmerznervenfüße zugeordnet sind.

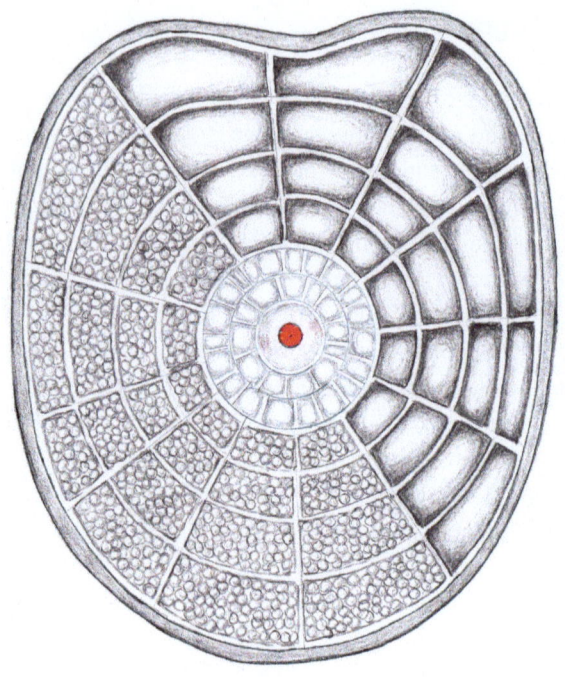

Das Bild zeigt das Dolor Organ dem physischen Herzen zugeordnet, mit der Steuerungszentrale im Zentrum und den kleinen Speicherperlen, in großen Kammern untergebracht. Verbindungsröhrchen von und zu den Verteilerkammern sind hier nicht eingezeichnet.

Die Übermittlung des Schmerzes an die Speicherperlen erfolgt über einen tropfenförmigen schwammartigen Puffer, der im Liquor des Schmerznervs untergebracht ist. In seinem Auge befindet sich eine kleine Steuerungszentrale, die den angesammelten nicht verarbeitbaren Schmerz zusammen mit einem Adressneutron in eine flüssigkeitsgefüllte Blase – dem Schmerzatom – verpackt und an die Schleuse verweist.

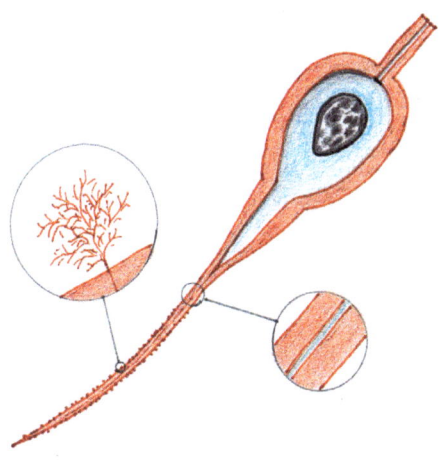

Das Bild zeigt das untere interessantere Ende einer Schmerznervenzelle im Längsschnitt. Im glasklaren, hier blassblau eingezeichneten Liquor befindet sich der Schmerzpuffer, der direkt mittels einer Schleuse mit der Steuerungszentrale der Speicherperlen verbunden ist. Das obere Detailbild zeigt die Verästelungen der Nervenfüße.

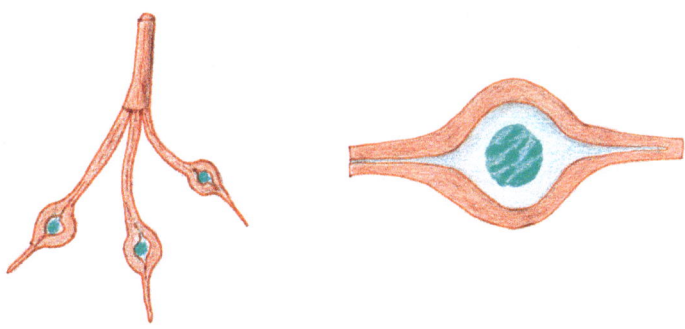

Die beiden Bilder zeigen die Enden der Nervenfüße mit ihrem, im Liquor lose eingebetteten, hier unbeschäftigten Sensor.

Das Bild zeigt ein Schmerzatom mit einem Paket schwarzer Schmerzenergie und einem Adressneutron, wie es von der Steuerungszentrale des Puffers oder der Speicherperle zusammengestellt wird.

Um das Bild abzurunden, sei ein Exkurs über die Entstehung und Verarbeitung des Schmerzes gestattet. Die verletzte Zelle zum Beispiel einer Beinhaut erregt in ihrer Todesahnung eine schwarze dichte Energie, die, nach oben an die Nervenhaut geleitet, von den mit dünnen, porenähnlichen Kanälen ausgestatteten Nervenfüßen aufgesogen wird, durch eine dort befindliche Membran verdichtet in Tropfenform gegossen, im Liquor landet und später als Schmerz von dem im Fuß befindlichen Sensor gefühlt und verbraucht wird. Der Überschuss wandert nach oben zum Puffer. Die Stressenergie der verletzten Zelle überträgt sich zeitgleich als Schwingung auf den Liquor des Nervenfußes, die ans Gehirn geleitet wird, weil der Mensch, mit einem Schmerz einer gewissen Stärke konfrontiert, ansonsten in eine Starre verfällt und handlungsunfähig bleibt.

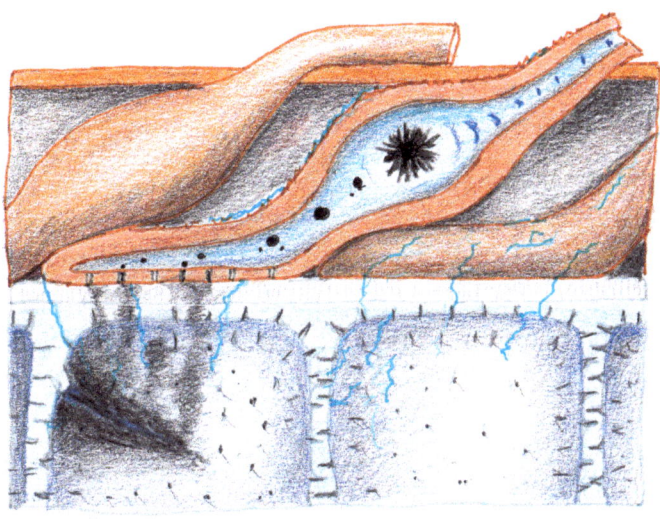

Das Bild zeigt unten die Beinhaut mit ihren Zellen und oberhalb die Nervenhaut mit den dicht an dicht eingelagerten, auf der Beinhaut anliegenden Nervenfüßen. Schwarz ist die Schmerzenergie angedeutet, die nach oben steigt und in Tropfenform zu dem hier schwarzen Sensor geleitet wird. Hellblau ist die Stressenergie eingezeichnet, die sich als Schwingung auf den Liquor überträgt.

Karmischer Körper

Der Karmische Körper hat im Rahmen einer von Egoismus gesteuerten zu einer entwicklungsbedingten Lebensphase hin erzieherisch korrigierende Maßnahmen zu setzen, einerseits, um kurz-, mitteloder langfristig, je nach bestwirkendem Effekt, leidbringendes Verhalten zu stoppen und im Weiteren zu Erkenntnissen zu verhelfen, die von Unmenschlichkeit zu mehr Menschlichkeit und Mitgefühl führen sollen. Einzig wahres Bedauern, die Kernessenz jeder karmischen Erkenntnis, verhilft zu einem friedlichen Leben ohne unliebsame unberechenbare Ereignisse, das Aussitzen schwieriger Bedingungen ist dumm und fordert das Schicksal heraus.

Bedeutung

Abhängig von vielen Faktoren, die das egoistische Verhalten des Menschen messen, hat der Karmische Körper besondere aufzeichnende und korrigierende Funktionen auszuüben, er sammelt penibel Daten leidbringender Handlungen, die vom Ingenium energetisch unterstützt und durchgeführt an ihn überstellt werden. Das Datenmaterial wird verarbeitet, verdichtet und gespeichert und lässt sich, mit Energie angereichert, zu gegebener Zeit resonant einsetzten, sodass die Wirkung dem erbrachten Leid entsprechende Begebenheiten und Bedingungen formt. Dieser Vorgang ist unwiderruflich unabwendbar, solange der Mensch, und das sind die einzigen Mittel, die karmische Datenbestände wieder auflösen könnten, weder Einsicht noch Bedauern zeigt.

Anatomie und Funktionsweise

Der Karmische Körper ist der größte von allen, da sein Körperumfang – aufgrund eines großen, über den Organe umfangenden Teil hinausreichenden – verfügbaren Raum für ausgewählte freigegebene, stark resonante karmische Datenbestände, in Blasen gehalten, bereitstellt. Seine äußere Schutzhülle ist daher weich, den resonanten Energien kein Hindernis in den Weg setzend, die innere, die karmischen Organe umfassend, mit Funktionen stabilisierender Art bezüglich der Karmablasen ausgestattet, wesentlich härter und dicker.

Karmische Daten fallen im Zuge von energetischen Attacken, ob mit oder ohne verbale oder physische Angriffe, an das Karmische Herz ab – vom Ingenium Herz mit Hilfe des Atlas als Vermittler überstellt. Das karmische Herz, zuständig für Bedingungen, Begegnungen, Ereignisse und Umstände, hat eine andere Aufgabe zu erfüllen als die karmischen Organe, die, mit Daten physischen Einflusses, Krankheiten und Gebrechen verursachen. Die Kategorisierung karmischer Daten erhält noch eine weitere Achse durch die Differenzierung von Handlungen, die den Mitmenschen Leid gebracht haben – in Folge einfach karmische Daten genannt – und jenen, die karmische Resonanzen erzeugen und unspezifisch gewidmet den Tieren, der Pflanzenwelt und der Erde, jedoch nicht den Elementalen, geschadet haben. Eine dritte Kategorie ergibt sich aus den vom Ingenium an die Sonne und die Planeten beiläufig abgefallenen Daten mit astrologischer Wirkungsweise, die abhängig von Konstellationen und Positionen auf den karmischen Plan Einfluss nehmen.

Alle diese Vorgänge, aufgrund des vorhandenen Datenmaterials astrologisch automatisch via Divinos Kanal inszeniert, werden mit sehr hoher Wahrscheinlichkeit immer wieder von der göttlichen Instanz, ebenfalls die Verbindung des Divinos Kanals nutzend, ausgesetzt, um passendere Lehren zu anderen Zeitpunkten zu erteilen. Die karmischen Datenbestände lösen sich auf, wenn der Mensch aufrichtig bedauert und der astrologische Einfluss erlischt in dem Maße, in dem die Daten weniger werden. Somit ist es auch der göttlichen Instanz nicht mehr erlaubt, auf diesem Wege einzugreifen.

Die Zusammenstellung und Freisetzung resonanter Daten ist ein komplexer Prozess, der vom karmischen Herz wie von den karmischen Organen auf dieselbe Art durchgeführt wird. Ihre Bauweise ist daher die gleiche, Unterschiede betreffen lediglich ihre Größe und die Anzahl ihrer Zellen. Gespeichert werden die Daten im karmischen Herz konkret mittels 32 karmischer Speicherzellen – und ihre Anzahl ist wegen ihrer Teilbarkeit durch acht wichtig –, verwaltet von eben diesen acht Poikazellen und gesteuert vom Fiumstern gemeinsam mit den vernetzten Fiumzellen.

Der Auftrag ist jedenfalls eine resonante brisante Mischung zu erzeugen, die aufgrund des gespeicherten Materials – aus einer leidvollen karmischen Vorgeschichte zusammengesetzt – eine korrigierende erkenntnisreiche Wirkung zu erzielen imstande ist, um schonend, natürlich abhängig von Hartnäckigkeit und Unwilligkeit, mit einem Mindestmaß an schmerzlichen Umständen und Bedingungen trotzdem den größtmöglichen Nutzen im Hinblick auf die Entwicklung der egoistischen Persönlichkeit und ihr Umfeld zu bewirken.

Ausgehend vom Fiumstern, der entsprechende göttlich unterstützte Impulse mit Hilfe seiner Fiumzellen berechnet, werden zunächst ausgewählte karmische Speicherzellen informiert. Die energiereichen Impulse in Kontakt mit dem kompakten karmischen Datenmaterial verflüssigen sich schwarz gefärbt und nehmen eine entsprechende Prägung auf, fließen in die Mitte der karmischen Speicherzelle und von dort, mittels dünner Röhrchen verbunden, zu den acht Poikazellen. Eine oder mehrere der Poikazellen, das hängt nun davon ab wie viele Karmablasen eine karmische Sequenz ausmachen, ebenfalls informiert vom Fiumstern, wählt nun von der anstehenden karmischen Flüssigkeit nochmals gezielt bestimmte karmische Speicherzellen und Menge aus und lässt sie in der Sammelkammer im Zentrum zusammenlaufen.

Von der Sammelkammer der Poikazelle laufen nach unten acht Röhrchen zur Poikasteuerung, deren Schleuse, nun eine davon ausgewählt, sich öffnet und aus dem eingedickten gummiartigen Pfropfen eine Blase bildet, die sich, mit einem Zwischenstopp in der inneren Schutzhülle, nach außen in den großen Resonanzkörper hin ausbreitet. Die Blase wird durch nachfließendes Material weiterhin gefüllt, ab einem gewissen Zeitpunkt eingefroren, sodass die Poikazelle neuerlich weitere Blasen mit ihren verbliebenen Schleusen bilden kann.

Solange die Verbindung mit der Blase besteht, kann durch die Poikasteuerung immer noch ein Zerfall der Resonanzen initiiert werden, die Blase und ihr Inhalt lösen sich aufgrund der hineingeschleusten Impulse nach und nach auf. Kommt das Bedauern gar nicht oder zu spät, wird die Blase mittels eines Bogenmessers abgetrennt, der Inhalt ergießt sich in den mit einer dichten gasförmigen selbstreinigenden Atmosphäre gefüllten Resonanzkörper und verströmt sich, Ereignisse und Begegnungen initiierend.

Karmische Verbindungen werden von den Speicherzellen durch derbe ledrige karmische Bänder, Abhängigkeiten festmachend, Energien und Ressourcen bindend, zwischen zwei Menschen gespannt. Sie werden von kleinen Atila-Zwiebeln, die in je drei kleine Gruppen zusammengefasst auf den karmischen Speicherzellen außen sitzen, erzeugt und festgehalten. Sie schlingen sich, je nach Widmung, nach vorne austretend mit den Mitmenschen, nach unten hin mit den Pflanzen, Tieren und der Erde und nach oben mit den Planeten, um die gegengleiche karmische Speicherzelle, den Resonanzkörper, die Zwischenhülle und das jeweilige Organ zu durchdringen. Freigesetzte karmische Flüssigkeiten im Resonanzkörper reizen die Bänder, sodass eine Übertragung zum jeweiligen Gegenpart stattfindet, der derart angestachelt die für ihn günstigen schlechten karmischen Bedingungen des Gegners nutzend, auf die Einladung zu reagieren meist nicht widerstehen kann.

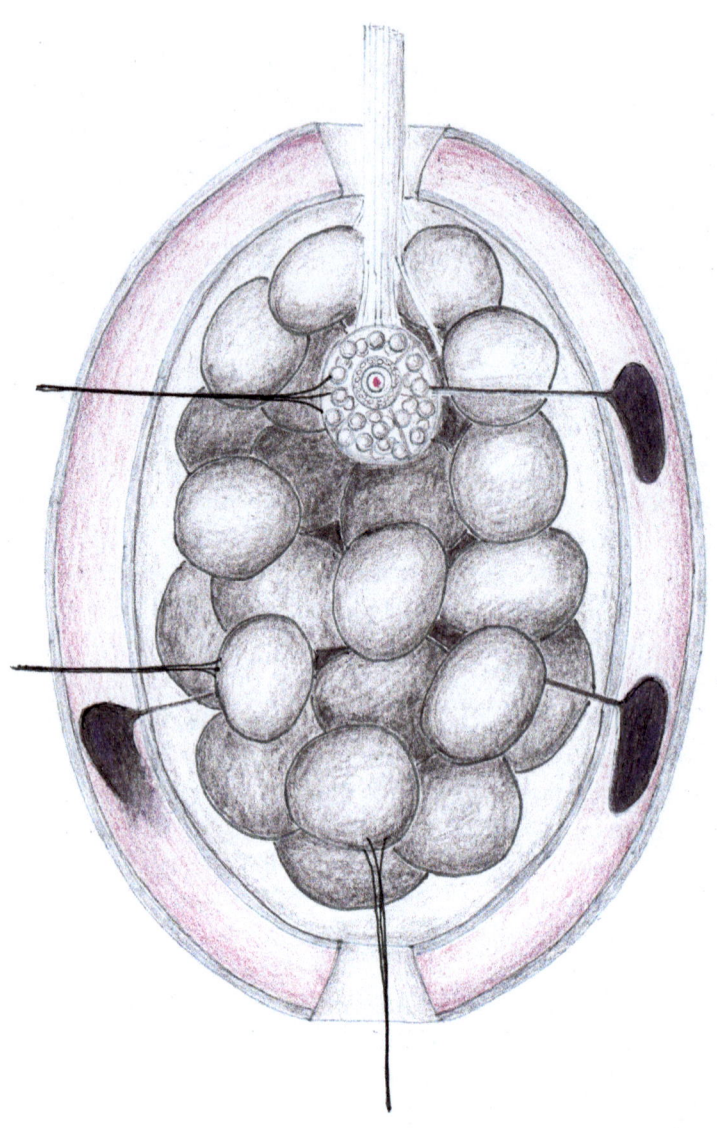

Das Bild zeigt den Karmischen Körper mit dem auffällig großen Resonanzkörper im Längsschnitt. Im Inneren ist das große karmische Herz, verbunden mit dem Divinos Kanal, mit mehreren karmischen Bändern und einer Karmablase zu sehen. Die karmischen Organe in Form und Größe unterschiedlich gleichen ansonsten dem karmischen Herz. Nach oben und nach unten, sowie seitlich führen karmische Bänder weg, die unheilvolle Verbindungen mit den Mitmenschen, der Erde, den Pflanzen, den Tieren und der Sonne mit ihren Planeten herstellen.

Karmisches Herz

Die Funktionen bereits ausreichend erklärt, bleibt hier nur noch die Beschreibung der Strukturen, die die umfassenden komplexen karmischen Prozesse unterstützen und durchführen. Im Zentrum des karmischen Herzens befindet sich der Fiumstern, umgeben von den Fiumzellen, die gemeinsam vernetzt die göttlichen Impulse, mittels des Divinos Kanals eingeleitet, verarbeiten. Fiumstern und Fiumzellen sind von acht gleich verteilten Poikazellen und 32 karmischen Speicherzellen umgeben, die, in wenigen großen Kammern untergebracht, jeweils mit einer kleinen Steuerungszentrale versehen mit den Fiumzellen vernetzt sind.

Die acht Poikazellen sind mit jeder der 32 karmischen Speicherzellen mittels dünner Röhrchen verbunden, um die dort erzeugten karmischen Flüssigkeiten gezielt ausgewählt zu übernehmen und in der Sammelkammer zu mischen. Von dort führen acht Röhrchen nach unten zur Poikasteuerung, bereit, aus der Mischung eine Blase zu erzeugen. Somit kann jede beliebige karmische Suppe mit Zutaten von jeder der 32 karmischen Speicherzellen gebraut und in eine von 8 x 8 möglichen Blasen verpackt an den Resonanzkörper übergeben werden.

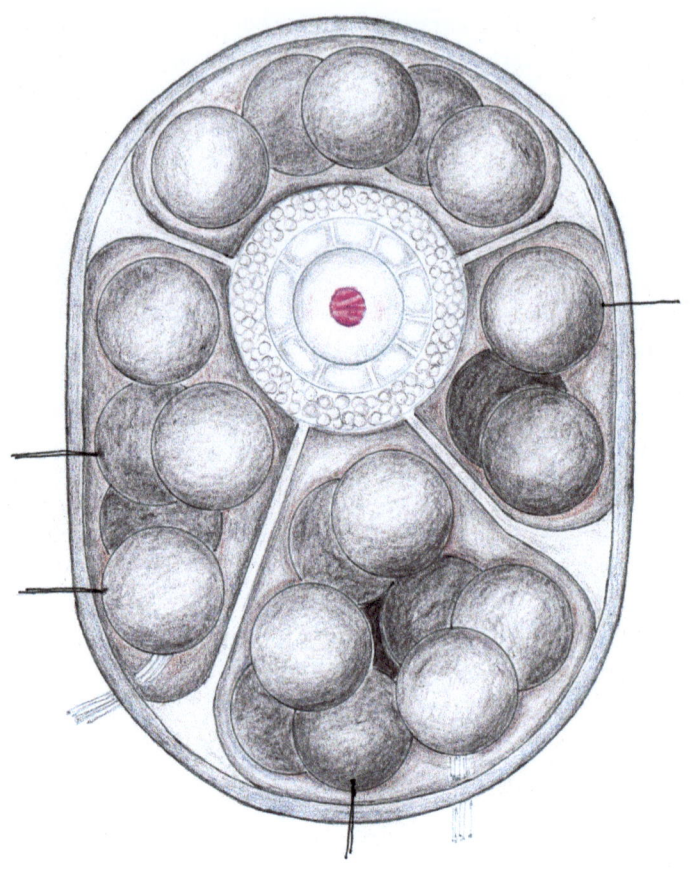

Das Bild zeigt das Karmische Herz im Längsschnitt. Im Zentrum der große Fiumstern mit Kern und Verteilerkammern, umgeben von den Fiumzellen, mittels dünner Verbindungsleitungen mit den Steuerungszentralen der Poikazellen und karmischen Speicherzellen verbunden. Die karmischen Speicherzellen unterscheiden sich von den Poikazellen äußerlich lediglich durch die Atila-Zwiebeln und die fehlenden Verbindungsröhrchen zum Resonanzkörper.

Fiumstern und Fiumzellen

Fiumstern und Fiumzellen, miteinander eng vernetzt, verbunden mit dem Ingenium über den Atlas als Vermittler und mit der göttlichen Instanz mittels des Divinos Kanals, verteilen karmische Daten auf die karmischen Speicherzellen und datenbefreiende Anweisungen auf die karmischen Speicherzellen und die Poikazellen.

Der Fiumstern besteht aus einem rosa kraftfeldhaltenden Kern, untergebracht in einer runden Kammer, durch Membranfelder mit den anschließenden Verteilerkammern verbunden, die Fiumzellen, wesentlich kleiner, ähnlich im Aufbau, jedoch mit einem blauen Kern und wesentlich weniger Verteilerkammern. Die Vernetzung besteht aus dünnen Röhrchen, gasgefüllt, die ein hervorragendes isolierendes Übertragungsmedium für Daten und hochfrequente energietragende Impulse abgeben.

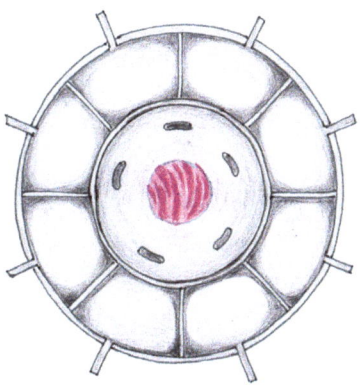

Das Bild zeigt den Fiumstern im Querschnitt. Im Zentrum ist der rosa Kern zu sehen, der das Kraftfeld aufbaut. Rund um die große Kammer sind die kleinen Verteilerkammern angeordnet. Die Röhrchen führen zu den Fiumzellen.

Karmische Speicherzellen

Die karmischen Speicherzellen spielen im komplexen Prozess der Verwaltung und Steuerung karmischer Vorgänge eine statische Rolle, beschränkt auf die Übernahme karmischer Datenbestände, die passive Erzeugung karmischer resonanter Flüssigkeiten und die Auflösung gespeicherter Daten.

Im Zentrum jeder karmischen Speicherzelle findet sich eine kleine, mit wenigen Verteilerkammern ausgestattete Steuerungszentrale, die in einer großen Sammelkammer mittels Verstrebungen festgehalten wird. Darum herum sind die radial angeordneten tropfenförmigen Speicherkammern angeordnet, die durch Röhrchen von der Steuerungszentrale mit Datenmaterial oder anweisenden Impulsen versorgt werden. Ein weiteres Röhrchen verbindet die Speicherkammer gemeinsam mit sieben anderen mit jeweils einer Pufferzelle, die den überquellenden Fluss karmischer Flüssigkeiten aufnimmt und an die Sammelkammer im Zentrum der karmischen Speicherzelle weiterleitet. Von der Sammelkammer führen acht dünne, mit Transportzellen ausgestattete Röhrchen diffusionsbetrieben nach unten und von dort zu jeweils einer Poikazelle.

Außen auf der zähen Außenhülle, verbunden mit der Steuerungszentrale, sitzen, jeweils in drei Gruppen zusammengefasst, in Vasen untergebracht, kleine Atila-Zwiebeln, die zeitgleich mit dem Speichervorgang karmischer Datenbestände karmische Bänder erzeugen.

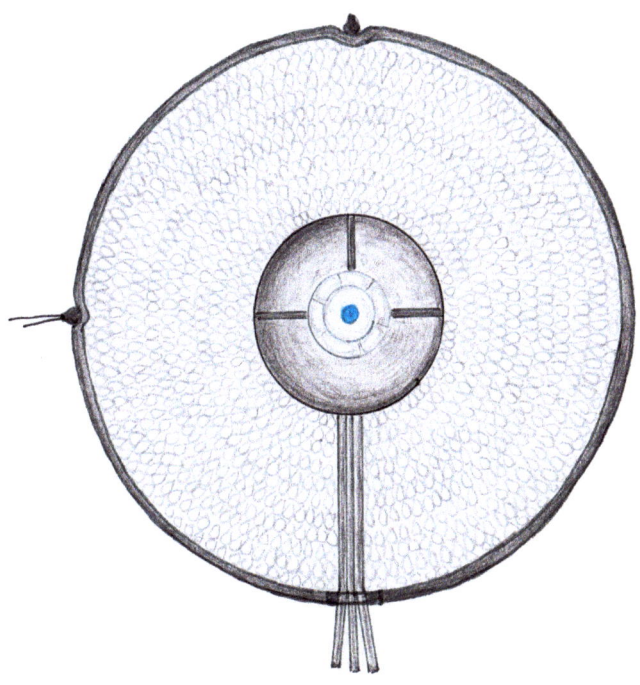

Das Bild zeigt eine der karmischen Speicherzellen im Längsschnitt. Im Zentrum befindet sich die Sammelkammer, mit steifen Verstrebungen befestigt die Steuerungszentrale und darum herum die tropfenförmigen Speicherkammern mit einigen Pufferzellen dazwischen. Auf der zähen Außenhülle sitzen, hier sind zwei davon zu sehen, die kleinen Vasen der Atila-Zwiebeln.

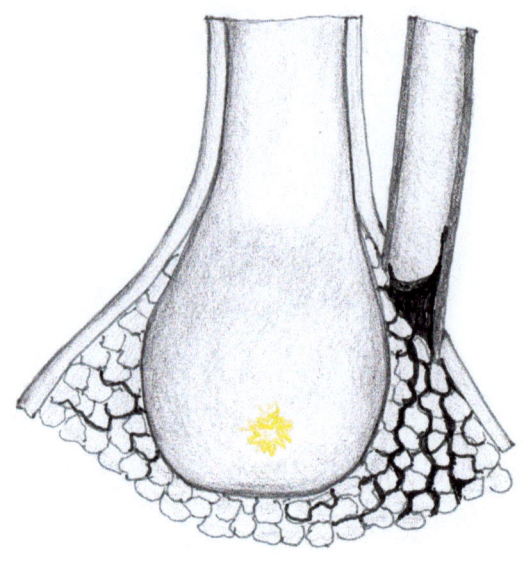

Das Bild zeigt den Hals einer der tropfenförmigen Speicherkammern im Längsschnitt. Das Verbindungsröhrchen der Steuerungszentrale endet in einem Hohlraum, mit einer Membran ausgekleidet, die den Impuls ins Innere gleiten lässt. Rechts davon ist das dünne Röhrchen zu sehen, das die hochquellenden karmischen Substanzen aufnimmt und zur Pufferzelle leitet.

Poikazellen

Die Poikazellen, acht Stück im karmischen Herzen gleichverteilt, sind mit allen 32 karmischen Speicherzellen mittels dünner Röhrchen verbunden, die in gleichen Abständen radial angeordnet zu ihr hinführen. Die in den Röhrchen anstehenden Flüssigkeiten werden mittels Mehzellen ausgewählt und dosiert ins Innere zur großen Sammelkammer geleitet, dort vermischt und gesammelt. Acht Röhrchen führen von der Sammelkammer zur Poikasteuerung, die mit jeweils einem Spangenverschluss, einer Halterungsvorrichtung und einem Bogenmesser die Karmablasen in den Resonanzkörper entlässt und später abtrennt.

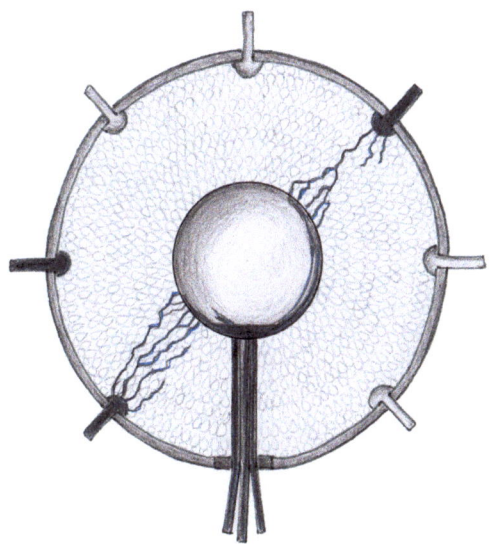

Das Bild zeigt eine der acht Poikazellen des karmischen Herzens im Längsschnitt. Zur Poikazelle führen 32 Röhrchen, münden in einer Bucht und entlassen ihre karmischen Flüssigkeiten ins Innere. Die Mehzellen, die einen dicken Ring um die große Sammelkammer bilden, steuern und dosieren, ob und wie viel der karmischen Flüssigkeit weiter vordringen darf. Von der Sammelkammer mittels acht Röhrchen fließt die Mischung zur Poikasteuerung nach unten.

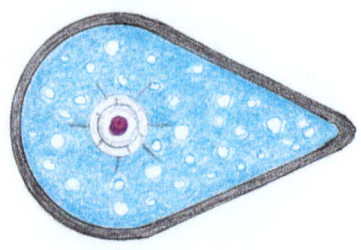

Das Bild zeigt eine der Mehzellen im Querschnitt. Sie besitzen einen tropfenförmigen, gelgefüllten Körper, dessen Leibesumfang von einer kleinen Steuerungszentrale geregelt wird. Werden sie runder und dicker, pressen sich die Körper der benachbarten Mehzellen aneinander und versperren den karmischen Flüssigkeiten den Weg.

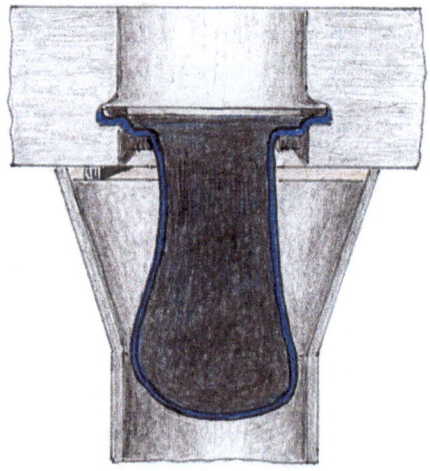

Das Bild zeigt die Poikasteuerung am unteren Ende des Röhrchens im Querschnitt. Die hier blau eingezeichnete gummiartige Blase wird von einem Halterungsring festgeklemmt. Gleich darunter befindet sich der geöffnete Spangenverschluss, der die karmischen Substanzen in die sich ausdehnende Blase fließen lässt. Unterhalb des Spangenverschlusses befindet sich das Bogenmesser, das zu einem späteren Zeitpunkt die Blase abtrennt.

Karmische Organe

Die Karmischen Organe, der Vollständigkeit halber hier nochmal angeführt, üben dieselben Funktionen aus wie das karmische Herz. Ihre karmischen Daten und Resonanzen beziehen sich jedoch lediglich auf körperliche Auswirkungen als Bestandteil einer karmischen Sequenz, die sich in Folge als Schmerzen, Krankheiten oder andere Gebrechen auf genau jenes betroffene Organ beziehen. Karmische Bänder, die sich zwischen den Organen spannen, wirken entlang ihrer Lebenszeit belastend und können chronische Beschwerden nach sich ziehen.

Der Aufbau der Organe entspricht exakt dem des karmischen Herzens, lediglich die niedrigere Anzahl der Poikazellen und die durch die Anzahl der Poikazellen ganzzahlig teilbaren karmischen Speicherzellen differieren dementsprechend. Die zu speichernden, organbezogenen karmischen Daten werden von den Ingenium Organen vermittels des Atlas direkt an die kleinen Steuerungszentralen der karmischen Speicherzellen übermittelt, die Erzeugung resonanter karmischer Flüssigkeiten für die Karmablasen wird jedoch über den Fiumstern des karmischen Herzens initiiert.

Atlas

Der Mensch braucht für seine Handlungs- und Ausdrucksfähigkeit geordneten Zugriff auf die Strukturen und Funktionen seiner energetischen Systeme, die der Atlas, eine Instanz, die sich als Bindeglied der energetischen Körper untereinander versteht und die Vorgänge der komplexen Persönlichkeit aufzugliedern weiß, zur Verfügung stellt. Er arbeitet als Interpreter, Übersetzer und Vermittler, der mittels klar definierter Schnittstellen eine reibungslose Kommunikation der energetischen Körper untereinander ermöglicht. Seine Funktion innerhalb der energetischen Systeme bestimmt eine geordnete Reihung, die ihn seinen Namen zu Recht tragen lässt.

Bedeutung

Der Atlas entzieht sich nahezu vollkommen der geordneten Reihe der entwicklungsbasierten Systeme und reduziert sich auf eine funktionsbedingte, kommunikative verbindende. Die einzige Bedeutung, die ihm im zwischenmenschlichen Bereich zukommt, betrifft die Einflussnahme der Menschen auf seine Mitmenschen, entweder als weiser Mentor unverbindlich oder missbräuchlicher Natur manipulativ Abhängigkeiten erzeugend, weil seine Sonderstellung als tragender Atlas eine schnelle Verteilung entsprechender Impulse im gesamten energetischen System ermöglicht.

Anatomie und Funktionsweise

Der Atlas, sein eiförmiger, mit dicken Kacheln flächendeckend besetzter Körper lediglich seine Organe und einen Ring von Energiekanälen umfassend, ist der kleinste von allen, mit einem auffälligen mächtigen Divinos Kanal ausgestattet. Seine Hauptaufgabe betrifft das Durchschleusen von allen Arten Informationen und

Anweisungen unterschiedlicher Zugehörigkeit, wodurch sich eine strenge Gliederung und Hierarchie unter den energetischen Systemen ergibt.

Der Ingenium, nicht der intellektuelle, sondern der organisatorische Kopf, der wegen seiner anlagen- und talentebeisteuernder Funktionen diese noble Position einnimmt, steht an der Spitze, darunter der Atlas, der entgegennimmt. wohlweislich wissend und Zusammengehörigkeiten beachtend, an wen die Datenimpulse gehen sollen; das sind nun entweder gleichwertig der Sensus, der Logica, der Annexus, der Dilectio, der Karmische Körper oder der Energiekörper. Rückmeldungen und Weiterführendes gehen auf demselben Weg zurück.

Die Übermittlung der bunt gemischten Datenimpulse wird vom Atlas mittels Impulseinheiten gelöst, ein einheitliches und praktikables Format, das nicht nur Sequenzen von Zusammengehörigkeiten verwaltet, sondern auch resonante Wirkungen abschirmt, damit gegenseitige Beeinflussungen und Verzerrungen nicht vorkommen. Verpackt werden sie vom Atlas Herz, im Zentrum des Atlas, unmittelbar nach ihrer Ankunft mittels Schleusen, zunächst zu dritt oder zu viert auf kleine farbige Plättchen und nun zu mehreren unterschiedlichen Ursprungs in den großen Blasen der Impulseinheiten zusammengefasst. Dergestalt versorgt, treten sie ihre Reise im Atlas an, zu den Schleusen der Impulsteiler, die sie wieder zerlegen und an ihren Bestimmungsort geleiten. Dasselbe gilt auch für die Atlas Organe, die gleich aufgebaut lediglich organspezifische Daten transportieren. Sie werden aus diesem Grund hier nicht mehr näher behandelt.

Aufgrund seiner besonderen Stellung innerhalb der verketteten Reihe energetischer Körper bietet er den idealen Einstiegspunkt, um auf unterstützende ratgebende oder manipulative Weise auf Mitmenschen Einfluss zu nehmen. Ein Teil des Atlas Herzens ist deswegen mit einem gewebebildenden Bereich ausgestattet, aus dem unterschiedlich viele dünne flexible Röhrchen, die sogenannten

Ushkanäle, ausgeformt werden können. Sie verlassen den Altas an seiner Vorderseite geordnet durch den Ushdurchgang und ungeordnet erzwungen manchmal auch direkt durch die gekachelte Schutzhülle, diesmal jedoch egoistische Ziele verfolgend. Von dort verschaffen sie sich Zutritt, geordnet oder ungeordnet, zum Atlas Herz des Mitmenschen, können jedoch auch abgewiesen werden. Das Atlas Herz, der Kanal verbindet sich mit der Ushschleuse, ist mit Sensoren ausgestattet, die manipulative aggressive Impulse entweder sofort ausfiltert oder als fremd kennzeichnet. Wirken positive Impulse anregend als Vorschlag und nutzen im Moment, sind manipulative Übergriffe oft verwirrend und schwierig zu erkennen, da die empfindlichen Sensoren aus karmischen Gründen sehr oft nicht mehr anschlagen und der Schutzmechanismus versagt. In diesen Fällen ist der Mensch gezwungen sich vernunftbetont rückzubesinnen, die Manipulationsversuche vehement zurückzuweisen und in weiterer Folge dafür zu sorgen, dass das karmische Material aufgelöst wird.

Auch der göttlichen Instanz ist eine Verbindung zum Atlas Herz, nicht jedoch zu den Organen gewährt, die sich mittels des Divinos Kanals mit Impulsen einbringt. Sie helfen fokussiert und konzentriert zu bleiben, störende Einflüsse, wie Nervosität oder diverse andere Ablenkungen, werden hingegen abgeschwächt. Verfolgt der Mensch egoistische und leidbringende Ziele, können die Impulse der göttlichen Instanz eine Zeitlang zerstreuend und abschwächend wirken.

Die impulsüberbringenden Röhrchen des Divinos Kanals sind von einer Schicht energietransportierenden Gewebes umgeben, das mittels eines Systems von Kanälen und Blasen ein reinigendes heilendes, resonant wirkendes Gas ins System des Atlas einbringt und das Atlas Herz und die Atlas Organe, mit einer energiespeichernden Schicht umhüllt, ebenfalls damit versorgt.

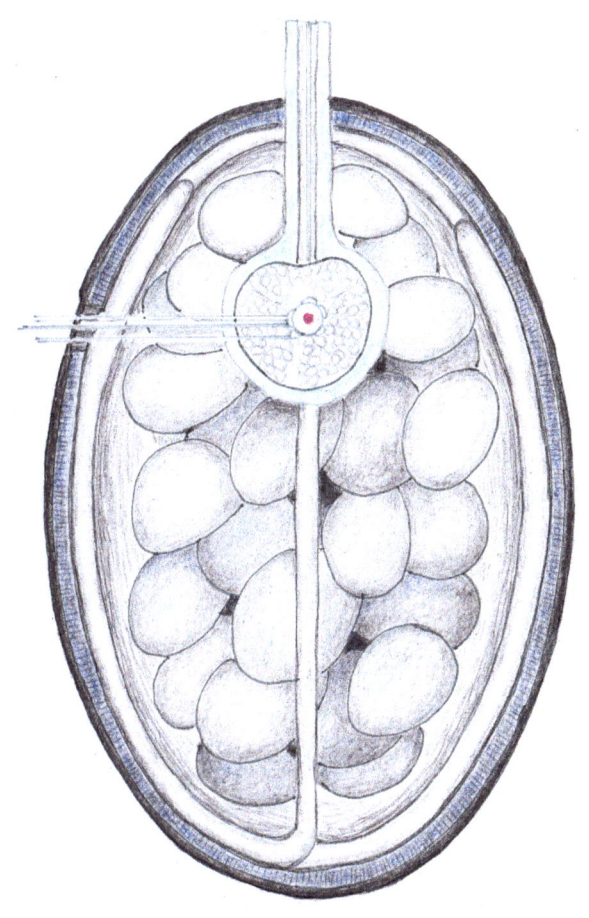

Das Bild zeigt den Atlas im Längsschnitt. Im Zentrum befindet sich das Atlas Herz, umhüllt von einer energiespeichernden Schicht und mit dem Divinos Kanal auf zwei Arten energieübertragend und impulsübermittelnd verbunden. Darum herum sind die Altas Organe angeordnet und ein System von Kanälen und Kammern, das ebenfalls an den Divinos Kanal angeschlossen ist und mit einer reinigenden Energie versorgt wird. Links im Bild sind einige der Ushkanäle zu sehen, die vom Atlas Herz gebildet durch den Ushdurchgang an der Vorderseite austreten.

Atlas Herz

Das Atlas Herz, der Vorgang wurde schon beschrieben, dient der Übermittlung prozessbeschreibender zusammenhängender Daten- und Informationsimpulse verschiedener Herkunft der unterschiedlichsten Systeme, damit sie synchron und harmonisch miteinander interagieren können.

Das Atlas Herz besteht diesen Anforderungen gemäß aus einer großen Steuerungszentrale, dem Issuwistern – einem starken Kraftfeld umgeben von Verteilerkammern, zwei Schleusenkammern, eine mit einer Schleuse für den Ingenium und die zweite mit sechs für den Sensus, den Logica, den Annexus, den Dilectio, den Karmischen Körper und den Energiekörper –, einer Ankunftskammer für die Impulse, die mittels des Divinos Kanals hereinströmen, einer Verbindungskammer für die Ushkanäle der Mitmenschen und der Ushkammer, die mit einem besonderen Gewebe ausgestattet auf Wunsch dünne Röhrchen, die Ushkanäle, ausbildet, die auch wieder zerfallen, wenn sie nicht genutzt werden.

Rund um den Issuwistern sind die kleinen Impulsteiler in großen länglichen Kammern gruppiert untergebracht und durch dünne gasgefüllte Röhrchen mit den Verteilerkammern verbunden. Das gesamte Organ ist von einer harten Schale umgeben, die, nochmals von einer weiteren dicken Schicht luftiger Speicherzellen umgeben, verbunden mit dem Divinos Kanal und gespeist von der göttlichen Instanz eine isolierende reinigende stille Atmosphäre innerhalb des Organs erzeugt.

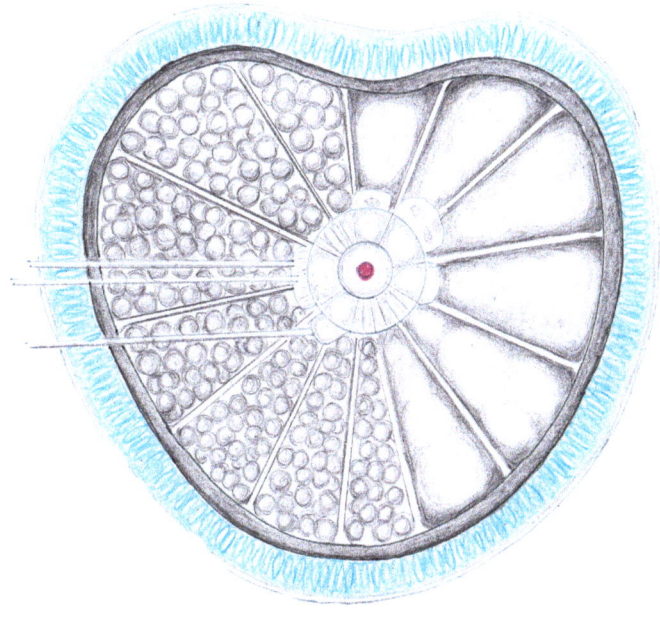

Das Bild zeigt das Atlas Herz im Schnitt. Im Zentrum ist der große Issuwistern mit dem Kern und den Verteilerkammern zu sehen, im Anschluss daran befinden sich die unterschiedlich großen Schleusenkammern. Links im Bild sind zwei fremde Ushkanäle zu sehen, die sich mit der Ushkammer verbinden, gleich darunter ein eigener, der sich seinen Weg durch wenige dafür vorgesehene Öffnungen bahnt. In großen länglichen, radial angeordneten Kammern, hier rechts im Bild, sind die kleinen Impulsteiler untergebracht, umhüllt von einer harten, porig durchlässigen Hülle, gespeist von einer dicken Schicht luftiger türkisblauer Speicherzellen.

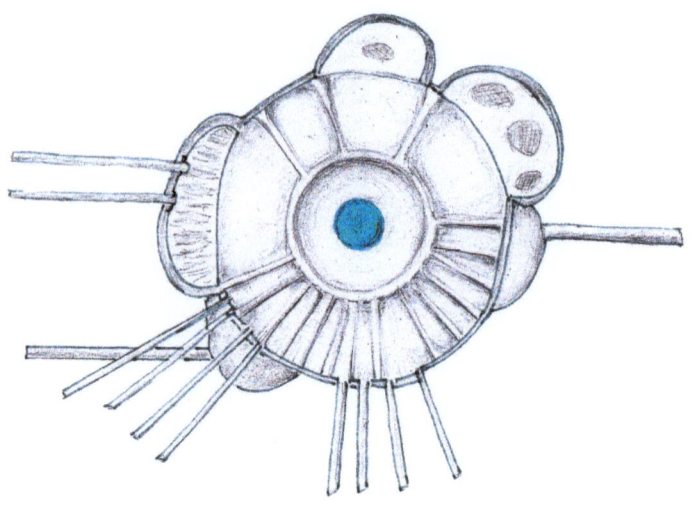

Das Bild zeigt den Issuwistern im Querschnitt. Im Zentrum in der Kraftfeldkammer befindet sich der blaue Kern, umgeben von ungleich großen Verteilerkammern, mit Membranen versehen. Im Anschluss befinden sich die unterschiedlichen Schleusen: ganz oben die für den Ingenium, rechts daneben die für den Sensus, den Logica, den Annexus, den Dilectio, den Karmischen Körper und den Energiekörper, ganz rechts die Ankunftskammer für den Divinos Kanal, ganz links die Ushkammer, sie stellt begrenzte Verbindungsplätze für fremde Ushkanäle zur Verfügung, und zuletzt darunter die Kammer, mit einem gewebebildenden Bereich ausgestattet, der auf Wunsch neue Ushkanäle ausbildet. Die Röhrchen verbinden die Verteilerkammern mit den Impulsteilern.

Ushschleuse

Die Ushschleuse verdient eine nähere Betrachtung: Sie bietet mehreren fremden Ushkanälen eine Andockstelle, die mit Häkchen gesichert dauerhaft halten. Im Inneren befindet sich ein spinnwebartiges Gewebe, das sensorengleich energiegeladen aggressive

Impulseinheiten erkennt und sie nun auf Wunsch als solche markiert oder sofort eliminiert. Der Dauerbeschuss aggressiver Impulse samt zudringlicher Ushkanäle lässt das empfindliche Gewebe leiden und schwächt ihre Funktion. Erst wenn die göttliche Instanz auf Wunsch interveniert, bringen entsprechende Impulse regenerierende Substanzen ein, die eine Rückbildung des Gewebes anregen.

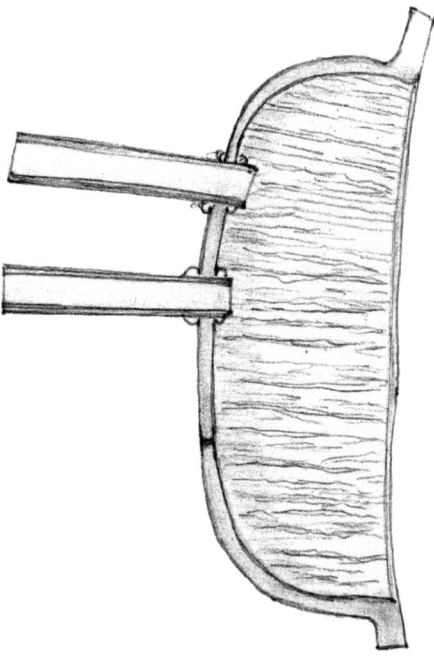

Das Bild zeigt die Ushschleuse mit zwei fremden Ushkanälen im Detail. Im Inneren befindet sich das sensorische energiegeladene neutralisierende Gewebe, das die ankommenden Impulseinheiten prüft und ihnen gegebenenfalls zusetzt.

Impulsteiler

Die kugelförmigen hohlen Impulsteiler sind die Endstationen der
durchreisenden Impulseinheiten, der leichte Unterdruck dort lässt
sie platzen und die befreiten Impulse suchen sich ihre passende
Schleuse aus sechs vorhandenen heraus.

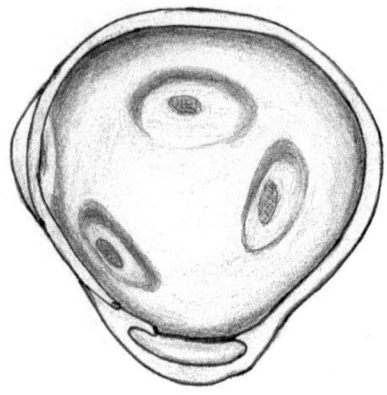

Das Bild zeigt den Impulsteiler im Querschnitt. Eingebettet im dicken Schutzmantel, sind vier der sechs Schleusen zu erkennen,
eine davon im Querschnitt. Das Innengewebe des dicken Schutz-
mantels hat eine absorbierende Wirkung und erzeugt einen leich-
ten Unterdruck, sodass die Blasen der ankommenden Impulseinheiten platzen.

Ingenium

Die komplexe und vielschichte Persönlichkeit des Menschen mit all ihren individuellen und eigenwilligen Aspekten hat sich im Laufe der Zeit durch unzählige Erfahrungen, die entsprechend ihrer Anlagen und Talente gemacht wurden, entwickelt. Neue Erfahrungen, die aufgrund der Mittel und Möglichkeiten, die dem Menschen zur Verfügung stehen, gemacht werden, ergänzen schon vorhandene und erhöhen damit das Potential des bestehenden Erfahrungsschatzes, das auch inkarnationsübergreifend zur Verfügung steht.

Das Ziel der menschlichen Existenz besteht darin, die angesammelten, fehlgeleiteten egoistischen Verhaltensweisen, die eine eigene negative, nicht mehr erkennbare Dynamik ins Leben des Menschen hineinbringen, zu identifizieren und aufzugeben. Das verlangt den Mut Zugeständnisse zu machen und Profil zu zeigen, um dadurch eine starke kraftvolle, selbstbewusste und unabhängige Persönlichkeit zu enthüllen.

Die Persönlichkeit des Menschen, abgerundet und abgeschliffen, braucht daher die energetischen Strukturen des Ingenium, einerseits um bestenfalls, positiv beratend, den gesammelten Erfahrungsschatz in seine Handlungen einfließen zu lassen und zu erweitern, andererseits um die egoistisch motivierte Persönlichkeit zu bedienen, die für eine Vollbeschäftigung der gesamten energetischen Systeme sorgt.

Bedeutung

Der Ingenium, einerseits der egoistischen vereinnahmenden Persönlichkeit dienend, steht direkt als ausführendes koordinatives Organ an der Spitze der gesamten energetischen Systeme und indirekt, hier die Agenden dem Logica übereignet, auch dem physischen Körper vor. Im Idealfall, wenn sich die egoistische Persönlichkeit mehr und mehr zurücknimmt und diszipliniert, wirkt der Ingenium zurückgezogen als beratendes beisteuerndes Organ, dessen Einfluss auf talentebezogene, zusätzlich von der göttlichen Instanz unterstützte Impulse beschränkt dem Logica die emotionslose Führung überlässt.

Eine in die Krise geratene Persönlichkeit beansprucht die gesamten Ressourcen des Ingenium. Die dynamische Wechselwirkung, die bei der Durchsetzung egoistischer Anliegen – zeichensetzend natürlich als adäquate Reaktion auf Vorhergehendes – bewirkt, erfasst nahezu gleichzeitig alle energetischen Körper, jedoch beginnend beim Sensus und dem Annexus, den emotionalen Aspekt, der seiner Natur folgend eine Flut von negativen Emotionen freisetzt, und den zwischenmenschlichen Bereich mit der Befreiung schmerzlicher Impulse alter Erinnerungen.

Nach einer kurzen Nachdenkpause oder aber auch gar nicht, übernimmt der Logica und setzt im Idealfall mit seiner Planung dem ein Ende. Gelingt das nicht, übernimmt vorläufig endgültig der Ingenium die Kontrolle und spult unintelligent ein meist bereits zuvor entwickeltes Programm ab, das als strategisch energetische Unterstützung Nachdruck verleihen soll. Dieser anstrengende, intensive Prozess verbraucht sich, meist relativ schnell, aus Energiemangel.

Die Sinnhaftigkeit dieser Angriffe ist fragwürdig, der Erfolg nicht dauerhaft und die Nachwirkungen für den nicht einsichtigen Menschen schmerzlich, weil der Prozess karmische Datenbestände erzeugt. Trotzdem entwickelt und verbessert der Mensch unermüdlich neue und alte Strategien, die den energetischen Speicherstrukturen des Ingenium schnell zugreifbar als Erfolgsrezept gespeichert zur Verfügung stehen und, wie schon oben erwähnt, ohne nachzudenken angewendet werden.

Ein Bündel von Strategien wird daher bereits aus den Vorleben mitgebracht, karmisch bedingt wird man damit in ein Umfeld hineingeboren, das mit einer ähnlichen, ergänzenden oder dazu passenden Palette aufwarten kann. Derartig hineingewoben verliert sich der klare Blick auf die Verstrickungen so lange, bis einer im unmittelbaren Umfeld aufgrund einer neuen Sichtweise mit aufrichtigen Idealen die erziehenden Konfrontationen nicht scheut. Das gewöhnliche verbindende Hickhack bekommt dadurch eine neue Dynamik, die allen in dem System befindlichen Personen nun anders zusetzt, sodass das alte, wenn auch schlecht funktionierende Gefüge aus neuen nicht gewohnten Eingaben aus dem Takt gerät.

Der Erwachsene ist demgemäß gefordert sich selbst zu prüfen, aus erzieherischer Sicht ist es die Aufgabe der Eltern, zunächst mutig das eigene Verhalten im Hinblick auf ihr Miteinander als Paar und Elternpaar zu überdenken und zu korrigieren und, somit fähig geworden, die Flausen und Spinnereien ihrer älter werdenden Kindern im Ansatz zu erkennen und nicht zu unterstützen.

Anatomie und Funktionsweise

Wie alle anderen bereits beschriebenen energetischen Körper besitzt auch der Ingenium einen eiförmigen, jedoch schlanken eleganten Körper, auffällig gezeichnet mit dem großen Seelenlicht an seiner Rückseite und den vielen Kanälen, die für energetische Angriffe gebraucht werden.

Der Ingenium bedient zwei unterschiedliche Lebensphasen, die von zwei unterschiedlichen Herzen gesteuert werden, die eine, die egoistische, obliegt dem zentral gelegenen Ingenium Herzen, die zweite, durch karmische Maßnahmen disziplinierte, dem Animusherz, angesiedelt gleich direkt unterhalb des Ingenium Herzens. Das eine vielbeschäftigte muss im Rahmen einer fortschreitenden Entwicklung an das zweite übergeben, das, als Mentor verbleibend, die intelligente logisch orientierte Führung dem vernünftig gewordenen Logica überlässt.

Das große Ingenium Herz, beschäftigt ausschließlich mit den vom Logica ausgedachten egoistisch motivierten Anliegen, setzt nach, indem es, Abhängigkeiten nutzend, energetische Attacken, unabhängig davon ob sie von verbalen oder physischen Angriffen begleitet werden, plant und umsetzt. Es besteht daher aus dem großen Saar, der, steuerungstechnisch angebunden an den Strategie Speicher, mittels Saarstern und vernetzten Saarzellen – teilweise mit abgetrennten unterbewussten Bereichen – Angriffe berechnet und dem Rachiing mit Varfater, in Anlehnung an den Sensus mit ähnlichen Funktionen jedoch auf der Ebene der egoistischen Persönlichkeit ausgestattet, der des Sensus Emotionen mittels Umba-Generatoren mit unterschiedlichen egoistischen Aspekten prägt und die Anschlüsse der Ingenium Kanäle nutzend, die unheilvolle Energiemischung meist den Mitmenschen, Elementalen oder seltener der Tier- und Pflanzenwelt und unbewusst der Sonne und ihren Planeten, ihrer astrologischen Bedeutung entsprechend, nicht ohne karmische Informationen weiterzuleiten, zustellt.

Damit der Mensch weiß was er tut, ist der untere Teil des Herzens mit Umba-Sensoren ausgestattet, die gegebenenfalls auch Verdrängungsbemühungen stattgeben. Der eben erwähnte Strategie Speicher, der blitzschnell die benötigten, bereits entwickelten erfolgserprobten Strategien ohne nachzudenken ins System spielt, befindet sich gleich unterhalb der harten Schutzhülle.

Der Erfolg energetischer Angriffe hängt von vielen Faktoren ab, die zuvor geprüft werden müssen. Die fremden Ingenium Kanäle sind daher gezwungen, mit ihrer Sonde an den Spiegel, der sich oberhalb der Verbindungstelle der fremden Ingenium-Kanäle an der Vorderseite des Ingenium befindet, erste Informationen über ihre Fracht zu übermitteln. Nach sorgfältiger Erwägung, hier den Karmischen Körper, den Annexus und den Logica mit einbeziehend, wird eine direkte Meinung des Menschen missachtend eine Erlaubnis, eine Teilerlaubnis oder eine Absage erteilt.

Das Animusherz besteht aus zwei Teilen, jenem nahezu immer funktionsbereiten Bereich, der mittels der Anbindung über den Animus Interpreter an das Seelenlicht dessen erfahrungsangereicherte Daten und Informationen dem arbeitenden System zuführt und später angereichert dem Kreislauf wieder eingliedert, und dem, zugunsten des Saar zurückstehenden, in egoistischen Lebensphasen stillgelegten Divinos Bereich, der mittels des Divinos Kanals an die göttliche Instanz angebunden ist und beruhigend und richtungsweisend auf eine bereits disziplinierte Persönlichkeit einwirkt.

Die Ingenium Organe sind weit einfacher aufgebaut als das Ingenium Herz, weil der Rachiing und der Varfater wegfallen. Sie erhalten, entweder vom Saar oder vom Strategie Speicher, den Gedankenfragmenten gleiche Teilimpulse, dem organabhängigen in Persönlichkeitsteilaspekte zerfallenden Angriffsplan entsprechend. Die einfache Steuerungszentrale verteilt sie auf die umliegenden kleinen Saarzellen, in deren schwingungsfreien Feld sie, langsam energieverbrauchend, ihre resonante Wirkung systemübergreifend verströmen.

Die emotionsgeladenen Aktivitäten des Ingenium Herzens gefährden die empfindlichen Strukturen und Funktionen des Ingenium mit energetischen Verunreinigungen, die gasförmig vom Sensus per Diffusion aufsteigen und sich klebrig und später verkrustend anlegen. Die göttliche Instanz leitet daher mittels dünner Röhrchen, die den Divinos Kanal begleiten, eine geschmeidige lösende Substanz direkt in den Rachiing des Ingenium Herzens und ein heilendes besänftigendes Gas ins Innere des Ingenium, um eine dichte selbstreinigende Atmosphäre aufzubauen. Die passive Arbeit der göttlichen gelartigen Substanzen und des heilenden Gases wird von kleinen Minilys ergänzt, die mit ihren kurzen Zangen tatkräftig mithelfen.

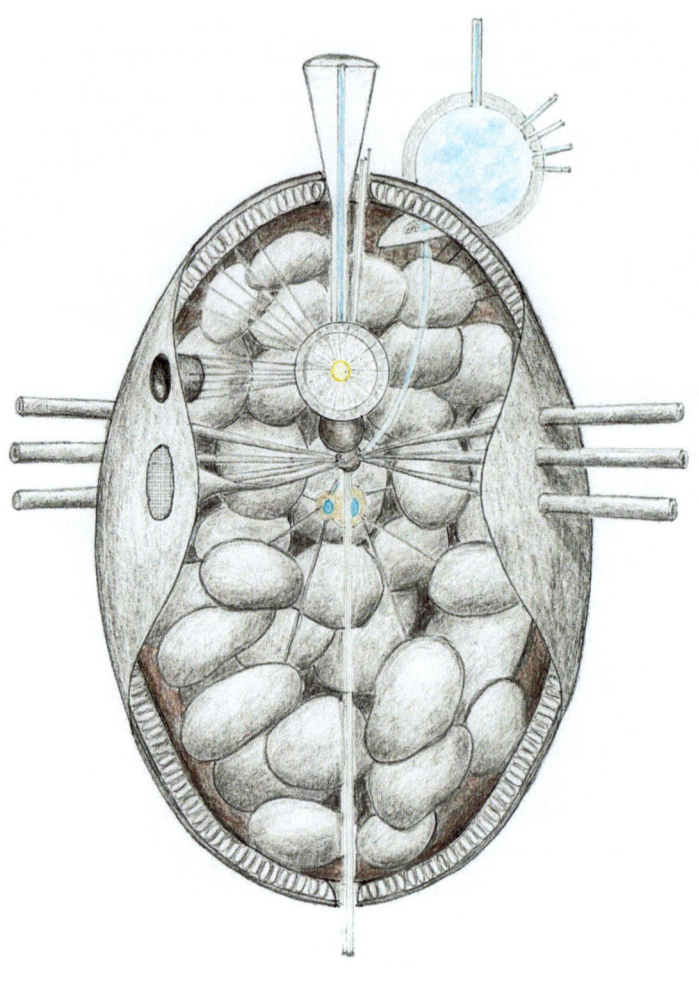

Das Bild zeigt den Ingenium im Längsschnitt. Im Zentrum ist das im Schnitt dargestellte Ingenium Herz mit dem Saar zu sehen, verbunden mit dem topfförmigen Spiegel, der den Verbindung suchenden Ingenium Kanälen erste Informationen abringt, und darunter der Rachiing mit dem Varfater, der mit der vergitterten Anschlussstelle für fremde Ingenium Kanäle, den sechs großen und den 22 schlanken Ingenium Kanälen verbunden ist. Unterhalb des Ingenium Herzens befindet sich das zweigeteilte Animusherz mit direkter Verbindung zum Divinos-Kanal und indirekter über den Animusinterpreter mit dem auffälligen, außerhalb befindlichen Seelenlicht. Unterhalb der harten Schutzhülle befinden sich die großen Bloben des Strategie Speichers, verbunden mittels dünner Röhrchen mit dem Saar und den Ingenium Organen.

Ingenium Herz

Das Ingenium Herz koordiniert und berechnet die impulsiven, meist unüberlegten, oft auch kalt durchdachten, jedoch immer blitzschnell durchgeführten energetischen Attacken, entweder in Begleitung eines verbalen oder physischen Angriffs oder im Zuge des Nachdenkens über einen unerträglichen Zustand oder eines Ereignisses in Zusammenhang mit einem oder mehreren Schwierigkeiten bereitenden Mitmenschen, die den Erwartungen nicht entsprechen.

Der Ablauf eines derartigen Angriffes gliedert sich aus technischer Sicht in mehrere Prozesse, die systemübergreifend ablaufen: Der Logica erfasst die Situation und reagiert, andernfalls würde kein energetischer Angriff erfolgen, mit initialzündenden Gedankenimpulsen, zusätzlich angeheizt durch brisante Erinnerungen und gemeinsame karmische Datenbestände, die zusammen nach unten in den Sensus und nach oben in den Ingenium wirken.

Das Ingenium Herz, um seine Bauweise vorab schon kurz zu umreißen, besteht aus dem Saar mit Saarstern und vernetzten berechnenden Saarzellen, die nun aufgrund der Eingaben entweder eine bekannte Strategie aus dem Speicher laden oder mit etwas Zeitaufwand eine neue entwickeln, dem Rachiing, der dieser Strategie folgend mit Umba-Generatoren ausgestattet, Energien egoistischer Persönlichkeitsaspekte erzeugt, und dem Varfater, der die Energien verdichtet in Empfang nimmt, mit der vom Sensus, ebenfalls der Strategie folgend, zeitgleich erzeugten Emotionenmischung vermengt und, wenn der jeweilige Ingenium Kanal eine

Erlaubnis für die Zustellung seiner brisanten Energien erhalten hat, sich ruckartig zusammenzieht, um die Energie durch die ausgewählten Kanäle zu pressen. Erfolgt ein Gegenangriff, muss der Saar die von der Sonde kommenden identifizierenden Informationen des Gegners in Empfang nehmen, den emotionalen, den karmischen Aspekt und die dazu gespeicherten Erinnerungen prüfen und dementsprechend eine Zutritterlaubnis oder eine Abfuhr erteilen. Die verletzenden Energien erreichen den Varfater und verteilen sich schnell im gesamten Herz.

Um die Beschreibung des Aufbaus zu komplettieren, die Umba-Generatoren des Rachiing und die Sammelkammer des Varfaters sind von einer dicken Schicht Speicherzellen mit Umba-Sensoren umgeben, damit die erzeugten Energiemischungen nicht unbemerkt bleiben. Den Umba-Sensoren des Sensus gleich, reagieren sie auf Verdrängungsbemühungen und entziehen sich den Energien wunschgemäß. Der Rachiing ist außerdem mit einer Pumpe und der Varfater mit einem Ventilator ausgestattet. Die Vernetzung der Saarzellen passt sich den entwickelten Strategien exakt an und bildet vom Bewusstsein getrennte Subnetzwerke, wenn sich der Mensch mit seinen egoistischen Ansätzen nicht identifizieren will. Eine Reihe Kammern mit Zawuzellen umringen die Saarzellen und sorgen für eine Anpassung der Intensität jener Impulsfragmente, die für die Ingenium Organe und den Strategie Speicher bestimmt sind.

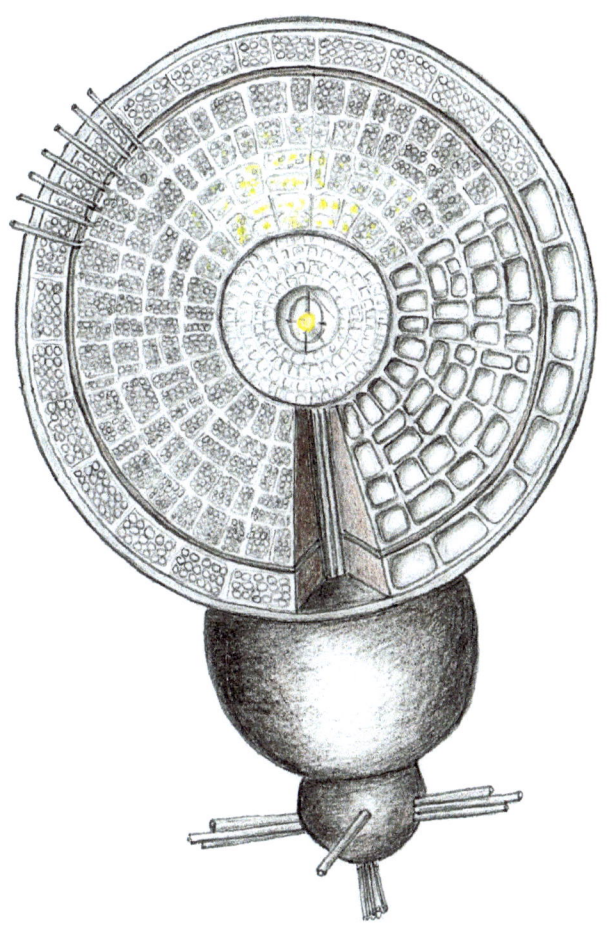

Das Bild zeigt das Ingenium Herz, den Saar im Längsschnitt, den Rachiing und den Varfater gleich darunter. Im Zentrum des Saar befindet sich der Saarstern, innen umringt von den Saarzellen und ganz außen von den Zawuzellen. Der ober, etwas hellere Bereich der Saarzellen zeigt jenen vernetzten Bereich, der dem Bewusstsein bekannte Strategien berechnet, die dunkleren, in Subnetzwerke zersplitterten, führen unterbewusste Angriffe durch. Vom Varfater führen links und rechts je drei große Ingenium Kanäle weg, nach unten und nach oben hin je elf wesentlich schlankere.

Saarstern

Der Saarstern im Zentrum des Saar ist die größte Steuerungszentrale im gesamten menschlichen System. Er berechnet gemeinsam mit den Saarzellen gespeicherte Strategien oder entwickelt in Zusammenarbeit mit dem Logica neue, die im Strategie Speicher schnell zugreifbar abgelegt werden.

Zentral gelegen in der Mitte des Saarsterns befindet sich, in der großen Kraftfeldkammer mit einer Spange fixiert, der kleine gelbe Kern, der ein intensives Kraftfeld aufbaut. Direkt an die Kraftfeldkammer schließen zwei größere und zwei kleinere Schleusenkammern an, die mit je einer Schleuse ausgestattet sind. Die beiden kleineren verbinden den Saarstern mit dem Sensus Herz, wobei eine für die ankommenden Impulse und die zweite für die zu versendenden verwendet wird. Die beiden größeren Schleusen, ebenso eine für die ankommenden und eine für die zu versendenden Impulse zuständig, nutzen den Atlas, der als Kommunikationskoordinator für die Interaktion der energetischen Körper untereinander verantwortlich ist und vor allem den Karmischen Körper über die brisanten Vorgänge auf dem Laufenden hält.

Rund um das Kraftfeld befinden sich vier Reihen unterschiedlich großer Verteilerkammern, die jeweils durch Membrane voneinander getrennt für eine intelligente Verteilung der Impulse zu den Saarzellen, den Umba-Generatoren, zum Varfater, der letztendlich den energetischen Angriff auslöst, und über die Saarzellen zu den Organen zuständig ist. Strategische Impulse erreichen die Verteilerkammern vom Strategie Speicher, besänftigende vom Animusherz, das geduldig und ununterbrochen befriedend einzuwirken versucht, und talentebezogene vom Seelenlicht über den Animusinterpreter.

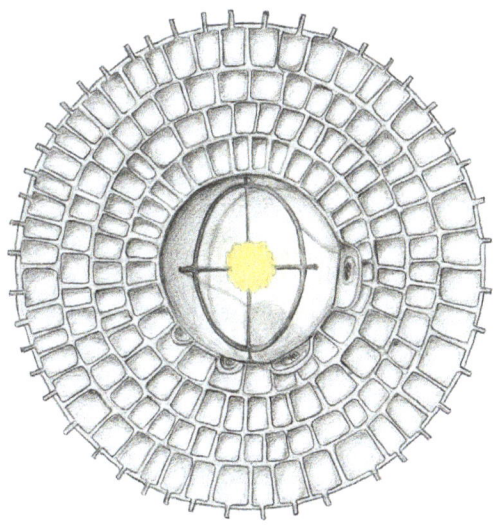

Das Bild zeigt den großen Saarstern im Querschnitt. Im Zentrum ist der hellgelbe Kern des Kraftfeldes im Zentrum der Kraftfeldkammer zu sehen, der mit einer Spange fixiert in Position gehalten wird. Rechts und rechts unten im Anschluss an die Kraftfeldkammer sind die Ankunfts- und Versendekammer mit ihren Schleusen zu sehen, die den Saarstern mit dem Atlas verbinden, links unten und ganz unten befinden sich die beiden kleineren Schleusenkammern für den Sensus. Die Kraftfeldkammer ist von vier Reihen Verteilerkammern umgeben, die Kammern der letzten Reihe sind mittels dünner Röhrchen mit den Saarzellen verbunden. Die direkten Verbindungsröhrchen zu Rachiing und Varfater sind hier nicht zu sehen.

Saarzellen

Die Saarzellen, in kleinen Kammern rund um den Saarstern angeordnet und durch dünne Röhrchen miteinander verbunden, bestehen aus einer kleinen Steuerungszentrale mit maximal sechzehn Verteilerkammern, die von einer dicken Schicht isolierenden weichen

Materials umgeben sind. Jeweils eine Gruppe von Saarzellen, die gemeinsam in je einer der kleinen Kammern untergebracht sind, bilden eine logische Einheit, die lichter vernetzt als untereinander mit denen der benachbarten Kammern verbunden sind. Abgetrennte Bereiche entstehen dann, wenn die Kappen der Steuerungszentralen manche der durchführenden Verbindungsröhrchen abpressen. Die Saarzellen entsprechen damit den individuell entwickelten Strategien und, wenn sie dadurch vom bewussten Bereich abgeschnitten wurden, auch den Verdrängungsbemühungen.

Zawuzellen

Die Zawuzellen, einfache dünnwandige runde Blasen mit einem orangefarbenen Kern im Zentrum, befinden sich in einer Reihe Kammern untergebracht im äußeren Bereich des Saar und bauen dort ein flächendeckendes Kraftfeld auf. Sie passen das Energieniveau der mittels dünner Röhrchen vorbeigeführten Impulse an, die entweder entschärft oder verstärkt werden. Vor allem jene Impulse, die vom Strategie Speicher, vom Animusherz oder vom Animusinterpreter stammen, wären für eine effektive ordentliche Verarbeitung durch die Kraftfelder der Saarzellen viel zu schwach.

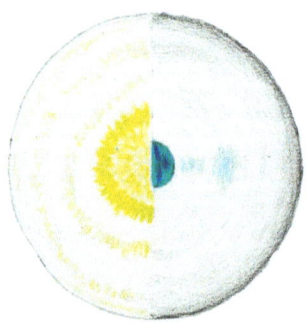

Das Bild zeigt eine der Zawuzellen mit dem blauen Kern im Detail.

Rachiing und Varfater

Der Rachiing und der Varfater des Ingenium sind nicht nur namens-
gleich verwandt mit jenen des Sensus Herzens – Anatomie und
Funktionsweise sind nahezu identisch, übergeordnet koordiniert
und beherrscht jedoch nicht von einer kleinen Steuerungszentrale,
sondern, mit ihr gleichgetaktet, vom großen dominierenden Saar.

Um nicht zu langweilen und an dieser Stelle auf das Sensus Herz
verweisend, wird die gesamte Funktionalität nicht mehr aufgelis-
tet, sondern bloß die Unterschiede herausgearbeitet, die minimal
lediglich die Umba-Generatoren betreffen und den Varfater, der
zusätzlich mit Verbindungen zu den eigenen Ingenium Kanälen
und der vergitterten Anschlussstelle für fremde Ingenium Kanäle
ausgestattet ist.

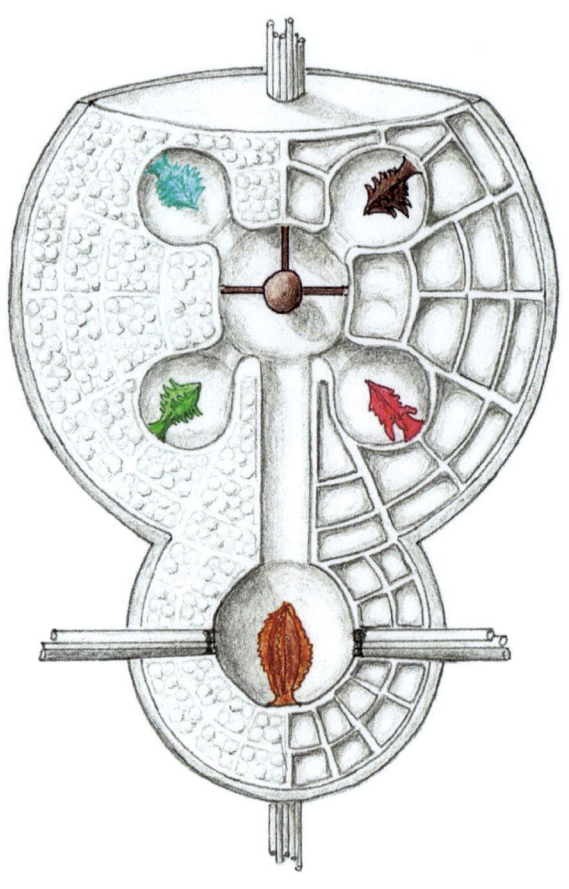

Das Bild zeigt den Rachiing und den Varfater im Längsschnitt. Die Umba-Generatoren, persönlichkeitsaspektsabhängige egoistische Energien erzeugend, sind rund um die große Sammelkammer im Zentrum des Rachiing angeordnet. Ihre Energien werden von einer Pumpe verdichtet, die schwer durch den großen Kanal zum Varfater absinken und den Ventilator bemühen, die Mischung in Bewegung zu halten. Eine Schleuse im hinteren Teil der Sammelkammer, hier vom Ventilator verdeckt, beliefert den Varfater mit den Emotionen des Sensus, die der Energiemischung des Ingenium beigemengt werden. Links und rechts sind die großen, mit Spangenverschlüssen versehenen Ingenium Kanäle zu sehen. Die je elf nach unten und oben wegführenden schlanken Kanäle und der Anschluss zur vergitterten Übergabestelle befinden sich an der Vorderseite der Sammelkammer und sind daher hier nicht dargestellt. Rund um die Generatoren und die beiden Sammelkammern befinden sich die platzanweisenden kleinen Kammern der Speicherzellen mit ihren Umba-Sensoren.

Das Bild zeigt den Varfater im Schnitt von oben betrachtet. Im Zentrum der Sammelkammer befindet sich der Ventilator, oberhalb die Schleuse zum Sensus, hier im Querschnitt zu sehen, unterhalb die mit Spangenverschlüssen versehenen Anschlüsse der elf nach unten führenden schlanken Ingenium Kanäle, links und rechts die sechs großen Ingenium Kanäle und nach unten weg der rückflussgesicherte Anschlusskanal der vergitterten Anschlussstelle.

Die Umba-Generatoren ähneln denen des Sensus Herzens, ihre Anzahl ist die gleiche, ihre Funktion jedoch anders gewidmet. Sie erzeugen zeitgleich unterschiedliche persönlichkeitsaspektsrepräsentierende, individuell geprägte Energien, die obgleich schwer kategorisierbar im Folgenden aufgezählt werden: Stolz und Hochnäsigkeit bis Verachtung, Sarkasmus, Hilflosigkeit bis Grant, Ignoranz, Empörung, Sturheit und Ablehnung, Nervosität bis Verzweiflung, Hoffnungslosigkeit bis zur Depression und Feigheit bis Aggression.

Die Farben, Formen und Größen sind unterschiedlich, man findet individuelle Zwiebel- und Flügelformen den jeweiligen Eigenheiten angepasst, die vollkommene Form der abgeschliffenen reifen Persönlichkeit ist jedoch ein rückentwickelter, unscheinbar blasser Umba-Generator.

Das linke Bild zeigt den Umba-Generator für Stolz und Überheblichkeit mit fünf weichen knorpeligen Flügeln, die nach unten hin breiter werden. Man findet ihn in den Farben Purpurrot und Rot bis hin zu einem schmutzigen Rosa sowie in allen Brauntönen. Auf dem rechten Bild ist der türkisblaue, beige, manchmal auch braune Umba-Generator für Sarkasmus abgebildet. Seine bauchige Zwiebel ist mit fünf weit gefiederten Flügeln ausgestattet.

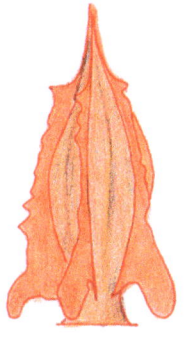 

Auf dem linken Bild ist das typische Beispiel eines Umba-Generators zu sehen, der eine grantige Stimmung erzeugt. Er kommt in
den Farben Braun, Gelb, bis hin zu einem bräunlichen Orange vor,
sein zwiebelförmiger, schlanker Körper ist mit fünf weichen, schlappen und tropfenförmig geformten Flügeln ausgestattet. Das rechte Bild zeigt den Umba-Generator, der den Persönlichkeitsaspekt
Ignoranz ausdrückt. Er besitzt sechs weit ausladende Flügel in den
Farben Braungrün bis Dunkelblaugrau.

Das linke Bild zeigt den Umba-Generator für Sturheit. Sein schlanker Körper ist mit fünf rot bis braunroten schlappen ledrigen Flügeln besetzt. Auf dem rechten Bild ist der überwiegend blassgelbe
bis blassgrüne Umba-Generator mit seinen acht unregelmäßig

geformten, weichen Flügeln abgebildet, der für die Aspekte Nervosität und Verzweiflung zuständig ist.

Auf dem linken Bild ist der beige, manchmal auch braun-orange Umba-Generator mit vier unregelmäßigen schlappen Flügeln für Hoffnungslosigkeit bis hin zur Depression zu sehen. Das rechte Bild zeigt den großen schwarzen Umba-Generator, der Aspekte wie Feigheit bis Aggressivität und Feindseligkeit ausdrücken kann. Seine schlanke Zwiebel ist mit drei scharf gezackten, meist lanzenartigen Flügeln ausgestattet.

Ingenium Kanäle, Übergabestelle und Spiegel

Energetische Angriffe werden vom Saar berechnet, der Rachiing steuert die verletzenden egoistischen persönlichkeitsaspektsspezifischen Energien bei, die vermischt mit jenen des Sensus vom Varfater mittels einem oder mehreren Ingenium Kanälen gleichzeitig zugestellt werden.

Der Ingenium besitzt je drei große, seitlich wegführende Ingenium Kanäle, die Verbindungen mit den Mitmenschen herstellen, elf schlanke, die den Ingenium an seiner Unterseite verlassen und Verbindungen mit Elementalen, der Erde, den Pflanzen und Tieren herstellen können, und elf ebenfalls schlanke, die den Ingenium an seiner Oberseite verlassen und, fix mit den Strukturen der Sonne und ihren Planeten verbunden, zeitgleich einen kleinen Anteil jener Energien übermittelt bekommen, die für die Mitmenschen, Tiere, Pflanzen und die Erde bestimmt sind.

Der Prozess der Übermittlung ist komplex und bevor der fremde Ingenium Kanal seine feindlichen Energien überhaupt zustellen darf, muss er sich zu erkennen geben und seine Absichten deklarieren. Der Ingenium Kanal ist deswegen mit einer Sonde mit optischem Sensor ausgestattet, die an seinem vorderen Ende nach oben sieht und Kontakt mit dem Spiegel, eine topfförmige Einbuchtung an der Vorderseite des Ingenium, aufnimmt. Die Sonde, vom optischen Sensor geleitet, hinterlässt ihre Identifikationsdaten, hält Kontakt und wartet auf die Antwort vom Saar. Die Erlaubnis ist unbeeinflussbar abhängig vom gemeinsamen Karma und, hier gibt es Spielraum, von der Einstellung des Menschen seinem Angreifers gegenüber.

Die Sonde hält im Falle einer Zusage weiterhin Kontakt, der Doppelschlauch des Ingenium Kanals umfasst mit seinen Fingern die mit winzigen Spangenverschlüssen versehene gitterartige Übergabestelle unterhalb des Spiegels und der Varfater presst seinen Inhalt durch den Kanal. Ändert der Mensch während dieses Vorganges seine innere Einstellung zu einer friedlicheren hin, erhält die Sonde sofort Bescheid, der Impuls überträgt sich auf die Greiffinger des Kanals, die sich ruckartig zusammenziehen und den Kanal verschließen. Die restlichen übertragenen Energien fließen durch den äußeren Doppelschlauch zum Absender zurück.

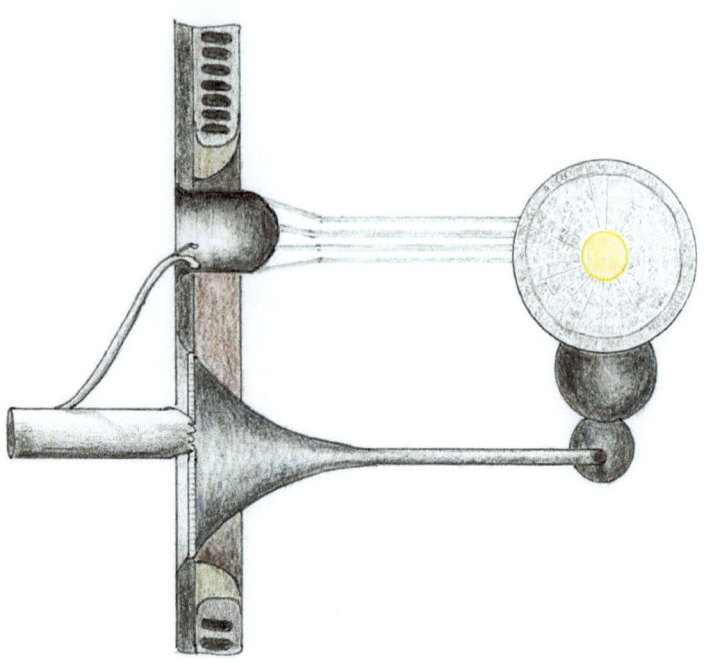

Das Bild zeigt die am Übermittlungs-Prozess eines energetischen Angriffs beteiligten Organe schematisch. Links im Bild ist der feindlich gesinnte Ingenium Kanal mit seiner Sonde und dem optischen Sensor zu sehen, der Kontakt mit dem Spiegel aufnimmt. Der Spiegel übermittelt die Anfrage mittels dünner Röhrchen an den Saar, der seine Antwort auf demselben Weg zurücksendet. Im Spiegel als elektrisches Potential angelegt, springt der Impuls auf die Sonde über. Der Ingenium Kanal verbindet sich nun im Falle einer positiven Antwort mit dem Gitter der Übermittlungsstelle, drückt die Spangenverschlüsse auf und entlässt seine Energien ruckartig in den Anschlusskanal zum Saar.

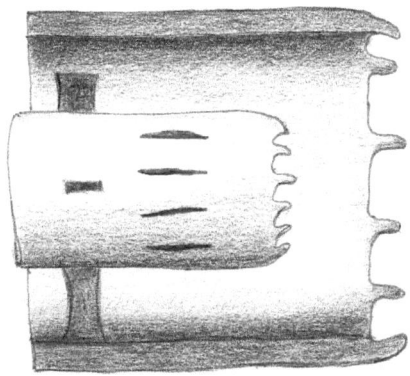

Das Bild zeigt das Dopplerohr des Ingenium Kanals im Längsschnitt. Der innere Kanal ist mit Transportzellen, wie sie schon im Dilectio verwendet werden, rückflussgesichert.

Ingenium Organe

Die Ingenium Organe nehmen mit ihren verebbenden Impulsfragmenten systemübergreifend und frequenzunabhängig, räumlich beschränkt wechselwirkenden dynamischen Einfluss auf die mit ihnen verbundenen artverwandten Organe, Impulse, die im Rahmen des jeweiligen organspezifischen Persönlichkeitsteilaspekts ihren Anteil am gesamten physischen statischen und lebhaften mimischen Ausdruck des Menschen nehmen.

Ingenium Organe ähneln im Aufbau dem großen Saar ohne Rachiing und Varfater, da sie lediglich einen einflussnehmenden Auftrag zu erfüllen haben. Ihre Form und Größe ist unterschiedlich, im Zentrum jeweils eine Steuerungszentrale umgeben von Saarzellen gleicher Größe verschiedener Anzahl, eingebettet in kleine Kammern. Die letzte Reihe ist für die Zawuzellen reserviert, abschließend umgeben von einer dünnen Schutzhülle knorpeliger Konsistenz. Mittels dünner Röhrchen sind sie mit dem Saar, dem Strategie Speicher, dem Animusherz und dem Animusinterpreter, Talente übertragend in Bezug auf physische Geschicklichkeit, verbunden.

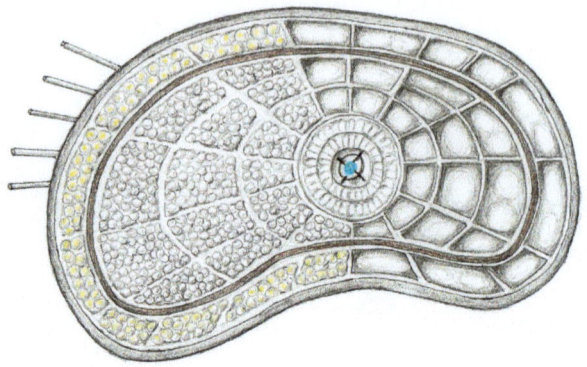

Das Bild zeigt eines der größeren Ingenium Organe im Querschnitt. Im Zentrum die Steuerungszentrale, umgeben von kleinen Kammern mit vernetzten Saarzellen, die den verebbenden Impulsen eine stillen Raum bieten, ganz außen eine Kammern-Reihe Zawuzellen.

Animus System

Das Animus System hat im Wesentlichen drei voneinander unabhängige Aufgaben zu erfüllen: Erstens, es stellt dem Menschen das Potential seiner Anlagen und Talente zur Verfügung, zweitens, es verbindet das Ingenium System mit der göttlichen Instanz, besänftigende und talenteanregende Impulse übertragend, und drittens, es bereichert den im Seelenlicht gespeicherten anlagenbezogenen Erfahrungsschatz um die Essenz neuer erworbener Fertigkeiten.

Das zentrale Organ ist das Animusherz, aus zwei Teilen bestehend, eingesetzt, um alle Belange der Bereitstellung und Integration talentebezogener Fertigkeiten im Dienste der Entwicklung zu bedienen. Ein Teil hat die Aufgabe, in Egoismus geprägten Zeiten nicht immer funktionsbereit, unterstützend und impulsgebend mit Hilfe der Anbindung an die göttliche Instanz Schüben des konzentrierten Arbeitens in dynamisch befruchtender Bewegung zu halten, der zweite Teil, das Erworbene in Essenzen zu zerlegen und dem Seelenlicht dauerhaft und inkarnationsübergreifend einzuverleiben.

Beide Teile des Animusherzens, ihre beisteuernden Impulse einmal vom Divinos Kanal und ein zweites Mal über den Animusinterpreter als Vermittler des Seelenlichtes beziehend, sind daher mit dem Ingenium Herz und den Ingenium Organen mittels dünner Röhrchen verbunden.

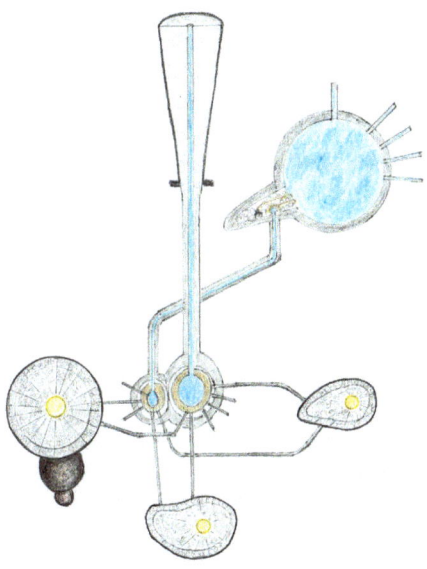

Das Bild zeigt das gesamte Animus System schematisch. Vom zweigeteilten Animusherz, hier in der Bildmitte, führen zwei mächtige Kanäle, jeweils mit Animusgel gefüllt, einmal zum Animusinterpreter und ein weiteres Mal zur göttlichen Instanz. Beide Teile des Animusherzens sind mittels dünner Röhrchen mit dem Saar und den Ingenium Organen verbunden. Das Seelenlicht, entsprechend der mitgegebenen Anlagen individuell unterschiedlich groß, ist mittels eines dickeren Kanals mit der göttlichen Instanz und mittels dünnerer Kanäle mit wenigen festgelegten Menschen verbunden, die im Idealfall fördernd und befruchtend miteinander in Beziehung stehen.

Seelenlicht

Das Seelenlicht trägt individuell unterschiedliches Anlagengefüge, das, vollkommen entwickelt und mit einem Logica, der in seiner besten Ausbaustufe genau dafür ausgelegt jedem Menschen einen eindeutigen Platz in der Gesellschaft zuweist, den er jedoch erst dann zufrieden einnehmen kann, wenn egoistische Ziele und Anliegen diszipliniert wurden. Beziehungen der Menschen untereinander sind durch Verbindungskanäle festgelegt, die einen engeren Personenkreis bestimmen, innerhalb dessen die besten Entwicklungsmöglichkeiten hierarchisch gegliedert stattfinden. Jedem Mann entspricht demzufolge auch genau eine einzige passende Frau, was gemäß seinem Intellekt und seinen Fähigkeiten eine befruchtende liebevolle Beziehung ermöglicht. Die Anziehung ist stark, die Verbundenheit fühlbar, Verirrungen sind leider die Regel, sodass Trennungen unvermeidlich schmerzhaft zu kurzen Lebensgemeinschaften mit anderen Partnern führen. Die Verbindung Mann-Frau ergänzt sich, weil der schützenden stabilisierenden Rolle die fürsorgende tätigere gegenübersteht.

Das Anlagengefüge als Information ist im Inneren des Seelenlichtes durch eine dicke Glashülle geschützt in lichtdurchfluteten, nahezu durchsichtigen, ineinander verwobenen und verdrehten Fassersträngen durch Erfahrungen entwickelbar untergebracht. Die Größe des Seelenlichtes ist unterschiedlich und entspricht dem mitgegebenen, unveränderlich festgelegten, individuellen Anlagengefüge, das die größten Übereinstimmungen mit jenen Menschen aufweist, die durch Verbindungskanäle miteinander verbunden sind. Mittels des Verbindungskanals mit der göttlichen Instanz erhält das Seelenlicht Unterstützung bei der Integration erworbener

Fertigkeiten und, wenn nötig, bei der Reorganisation und Bereitstellung von Daten und Informationen. Lehnt der Mensch die Existenz einer göttlichen Instanz ab, wird seinem Willen entsprochen und der befruchtende Austausch kommt zum Erliegen.

Animusinterpreter

Der Animusinterpreter führt den Datenaustauch zwischen dem Seelenlicht und dem Ingenium durch und übernimmt außerdem eine puffernde Funktion im alltäglichen Leben, den aktuellen Arbeiten entsprechend. Der Datenaustausch ist komplex mit Bypässen organisiert, um einerseits ständig benötigte Impulse gehoben und forciert von der göttlichen Instanz schnell zur Verfügung zu haben und um in der Entwicklung weiterführende im Anlagengefüge zu lokalisieren, zu extrahieren und schnellstmöglich im System zu verteilen. Letztgenannter Prozess ist aufwändiger und erfordert Hartnäckigkeit und Übung. Der Nutzen zeigt sich im Erwerb neuer Fertigkeiten und der Freude darüber, die Eingliederung dieser durch harte Arbeit erworbener Erfahrungsessenzen erfolgt via Logica, Saarstern, Amimusherz ebenfalls über den Animusinterpreter.

Der zapfenförmige Animusinterpreter ist direkt am Seelenlicht angeschlossen und schaut in den Ingenium hinein. Er ist von einer außergewöhnlich dicken, harten und porigen Schutzhülle umgeben, deren Außenseite zusätzlich mit kleinen harten unregelmäßigen Kacheln besetzt ist. Die Extraktion neuer Daten erfolgt durch das Animusherz, deren Essenzen im Animusgel eingelagert und abholbereit mittels des mächtigen Kanals dem Pukschwamm, der in der Mitte des Animusinterpreters sitzt, zur Verfügung stehen.

Der Pukschwamm beliefert zunächst die umliegenden Interpreterperlen, die jeweils genau einem Ingenium Organ oder dem Ingenium Herz zugeordnet sind und die Essenzen unmittelbar wieder in den Kreislauf eingliedern. Mittels einer engen Reihe einfacher Übergabestationen werden dieselben Essenzen über dünne Röhrchen vom Pukschwamm gezogen und den lichtdurchflutenden Fasersträngen des Seelenlichtes dauerhaft einverleibt.

Eine weitere Reihe, den Übergabestationen gleich, extrahiert aus dem Seelenlicht benötigte Essenzen und lagert sie im Animusgelkern der Pukzwiebel ein, die ebenfalls mittels dünner Röhrchen mit jeweils einem Ingenium Organ oder dem Ingenium Herz verbunden ist.

Beide Teile des Animusherzens sowie der Pukschwamm und die Pukzwiebel bestehen jeweils aus einem Animusgelkern, der eine dauerhafte Einlagerung eben jener Erfahrungsessenzen ermöglicht. Der Kern ist von einer dicken Schicht weichen schwammartigen Materials, dem Saagewebe, umgeben, das den Essenzen entweder vor der Einlagerung Energie entzieht oder sie im Zuge der Extraktion mit Energie anreichert. Ausgezeichnet das Innere vor energetischen Verunreinigungen schützend, findet sich rund um das Saagewebe ein gasgefüllter Raum, der eine isolierende Funktion zu erfüllen hat. Der Transport der extrahierten energieangereicherten Impulse erfolgt mittels dünner Röhrchen.

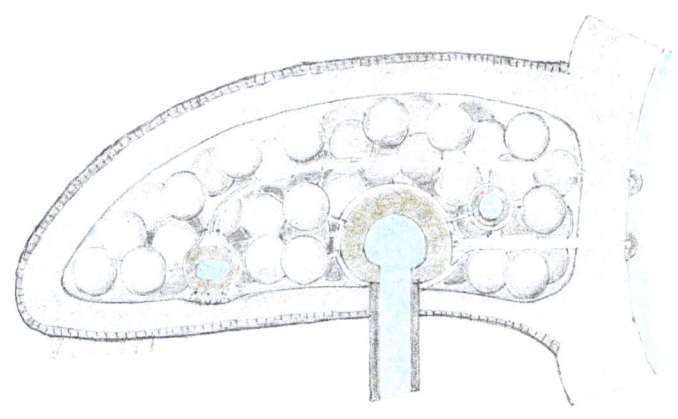

Das Bild zeigt den Animusinterpreter im Längsschnitt. Seine dicke gekachelte Umhüllung schützt den Pukschwamm, hier im Querschnitt mit blauem Animusgel gefüllt, die Pukzwiebel, in der Mitte des Animusinterpreters, und die Interpreterperlen, die das Innere des Interpreters ausfüllen. Der Datenfluss erfolgt vom Animusherz über den Kanal zum Pukschwamm, von dort zu den Interpreterperlen und zu den Übergabestationen im Seelenlicht. Die Extraktion von Daten aus dem Seelenlicht erfolgt von den Übergabestationen eine Reihe darüber mittels dünner Röhrchen zur Pukzwiebel und von dort zu Herz und Organen.

Strategie Speicher

Die entwickelten Strategien werden als Serie von Impulsen im Strategie Speicher, alte wie neue gleich schnell abgreifbar, hinterlegt. Im Laufe vieler Leben sammeln sich ungeheuer viele davon an, die exakt mit bestimmten Situationen oder Personen verknüpft aufgrund dieser Kennung vom Saar angefordert werden und ihrem Programm zufolge meist unbewusst ablaufen. Die Muster zu durchbrechen erfordert größte Aufmerksamkeit, den Vorgang zu stoppen die Initiative des Logica, der vernunftbetont gegensteuert und zu einer friedlicheren Lösung greift. Dieser Vorgang löst den zusammenhängenden gespeicherten Datenbestand auf.

Der Strategie Speicher unterhalb der Schutzhülle des Ingenium besteht aus einer großen Zahl radial angeordneter, großer länglicher blasenähnlicher Bloben, die mittels jeweils eines Röhrchens mit dem Saar des Ingenium Herzens und den Ingenium Organen verbunden sind. Die Bloben sind in einem porösen durchlässigen Gewebe gut isoliert eingebettet, eine durchgehende dichte Atmosphäre, von der göttlichen Instanz mittels Röhrchen eingebracht, nutzend. Damit die Atmosphäre nicht entweicht, sind die Verbindungsröhrchen membrangesichert.

Im Inneren der Bloben befinden sich jeweils zehn Speicherplättchen, die an ihrer Vorder- und Rückseite mit je zehn Knopfanschlüssen für die kleinen Speicherblasen, die leer zusammenfallen, ausgestattet sind. Bloß mit dem atmosphärischen Gas gefüllt, enthalten sie Sequenzen mehrerer unterschiedlicher Strategien.

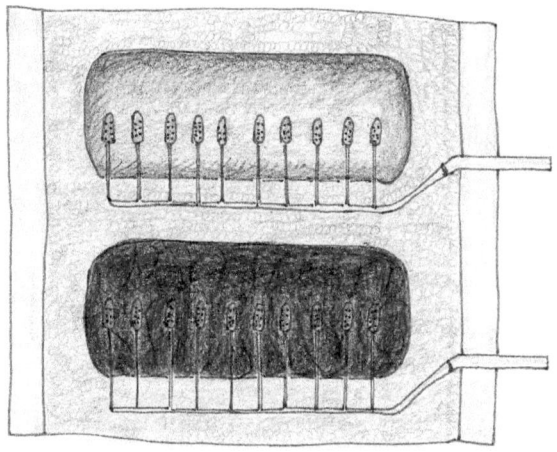

Das Bild zeigt zwei der Bloben im Querschnitt. Die untere gefüllt, die obere der Anschaulichkeit wegen leer, sodass man ihre zehn Speicherplättchen gut erkennen kann. Die Verbindungsröhrchen sind mittels einer Membran vor dem Entweichen des atmosphärischen Gases gesichert.

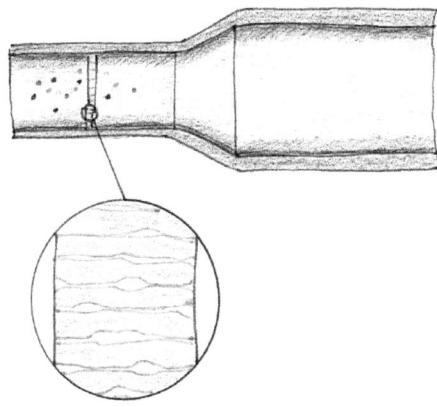

Das Bild zeigt die Schleuse der Verbindungsröhrchen im Detail. Die feinen Kanäle der Membran nehmen die Impulse auf, schleusen sie durch und das atmosphärische Gas kann nicht entweichen.

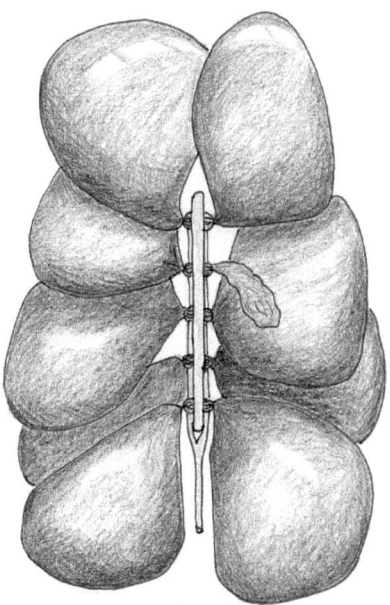

Das Bild zeigt eines der Speicherplättchen mit einer leeren und neun gefüllten Speicherblasen.

Energiekörper

Alle die hier beschriebenen energetischen Körper, den physischen mit eingeschlossen, brauchen Energie, die einem Grundbedürfnis gleich der Nahrung vom Energiekörper bereitgestellt werden muss, aus einer besonderen Mischung Erdenergien und göttlicher Energien zusammensetzt für die gesunde Aufrechterhaltung der Systeme und ihrer Funktionen, der Erhaltung und ihrer Regeneration benötigt wird.

Bedeutung

Das obere Ende der energetischen Frequenzskala beschließt der Energiekörper. Seine Aufgabe ist es zweierlei Arten von Energie, nämlich gröbere Erdenergie und feinere hochfrequente göttliche Energie zu beschaffen, an das menschliche System anzupassen und bedarfsorientiert zu verteilen. In Phasen gesunder Ausgeglichenheit kann der Energiebedarf mit großen Sicherheitsreserven sehr leicht gedeckt werden, ein mit emotional egoistischen Anliegen beschäftigtes System hat jedoch ständig mit Energieengpässen zu tun, die einerseits eine quälende Unterversorgung mit Erd-Energien nach sich ziehen, die Zufuhr an göttlichen Energien völlig unterbinden und so den Menschen nötigen, sich der fremden Energien seiner Mitmenschen nicht ohne karmische Konsequenzen zu bemächtigen. Seine Rolle im System ist solange eine unauffällige, als der Energiehaushalt ordentlich funktioniert, Energiemängel bringen jedoch mit ihren Impulsen Unruhe ins System, die auf zwischenmenschlicher, emotional intellektueller Ebene ausgetragen werden.

Anatomie und Funktionsweise

Der Energiekörper ist der größte aller energetischen Körper, weil er sie mit seinen Strukturen umfassen und nähren muss. Seine Schutzhülle ist knorpelig, milchig durchsichtig und besonders auffällig sind seine Rapienteskanäle, deren Anzahl mindestens einen ständig vorhandenen, dann meist unbrauchbar, bis zu maximal zehn umfasst, die im Zuge egoistischer energetischer Angriffe einen Energiemangel zu beheben versuchen.

Das steuernde Organ des Energieversorgungssystems, gleichzeitig Verwalter und Erzeuger der Rapienteskanäle, ist das Mamnherz im Zentrum des Energiekörpers, das mittels zweier Hauptenergiekanäle Erdenergie von unten und göttliche Energie von oben jeweils durch einen Trichter ansaugt, vermischt und mit Klappen, Bypässen und Schläuchen im Idealfall gleich verteilt oder aufgrund von Ressourcenengpässen Entscheidungen treffen muss, welche Bereiche geopfert und unterversorgt bleiben.

Die Versorgung mit Erd- und göttlichen Energien funktioniert auf Basis Unterdruck, das Mamnherz behält sich jedoch die Möglichkeit vor seine Zugänge zu verschließen, da die Kräfte der Energien die Bearbeitung unangenehmer Themen dringend verlangen und komprimiert gespeicherte Datenbestände aufgrund eines hohen Energieniveaus die Tendenz haben die Systeme zu fluten. Der unvermeidlich folgende quälende Energiemangel verursacht Krankheiten und die egoistische Persönlichkeit sucht nach Möglichkeiten, der bereits vorverdauten Energie ihrer Mitmenschen habhaft zu werden.

Bevor jedoch die Energien brauchbar dem System zugeführt werden können, müssen sie mittels zweier Adapter, die sich jeweils in den Hauptenergiekanälen vor dem Mamnherz befinden, angepasst werden. So sind nämlich Erdenergien für die empfindlichen energetischen Systeme zu grob und unverdaulich und müssen verfeinert werden und die göttlichen zu herausfordernd, die zu intensiven impulssetzenden Akzente können auf Wunsch herausgefiltert werden, weil der Mensch nicht gezwungen werden kann sich zu entwickeln. Die Zufuhr und die Qualität der göttlichen Energien können zusätzlich von der goldenen Scheibe, die sich oberhalb des Trichters befindet, beeinflusst werden. Sitzt sie fest am Trichter auf, reduziert sich der Durchfluss auf gar nichts bis sehr wenig.

Die Organe des Energiekörpers bestehen schlicht aus großen, mit energiebewahrenden Zellen ausgestatteten Blasen, die der Energiemischung, speziell zusammengestellt aufgrund eines mit unzähligen Kanälen und Bypässen mehrfach gesicherten Versorgungssystems, einen begrenzten geschützten Raum anbieten, der den darunterliegenden verbrauchenden energetischen Organen eine sichere stetige Energiequelle bieten soll. Das Versorgungssystem, bestehend aus eben diesen Blasen, Klappen und Kanälen, befindet sich größtenteils im äußeren Bereich des Energiekörpers und versorgt die Organe von außen nach innen rückflussgesichert mit energiespeichernden Depotblasen. Der Aufbau dieses Systems ist einfach überschaubar und wird hier nicht mehr eigens in einem Kapitel behandelt.

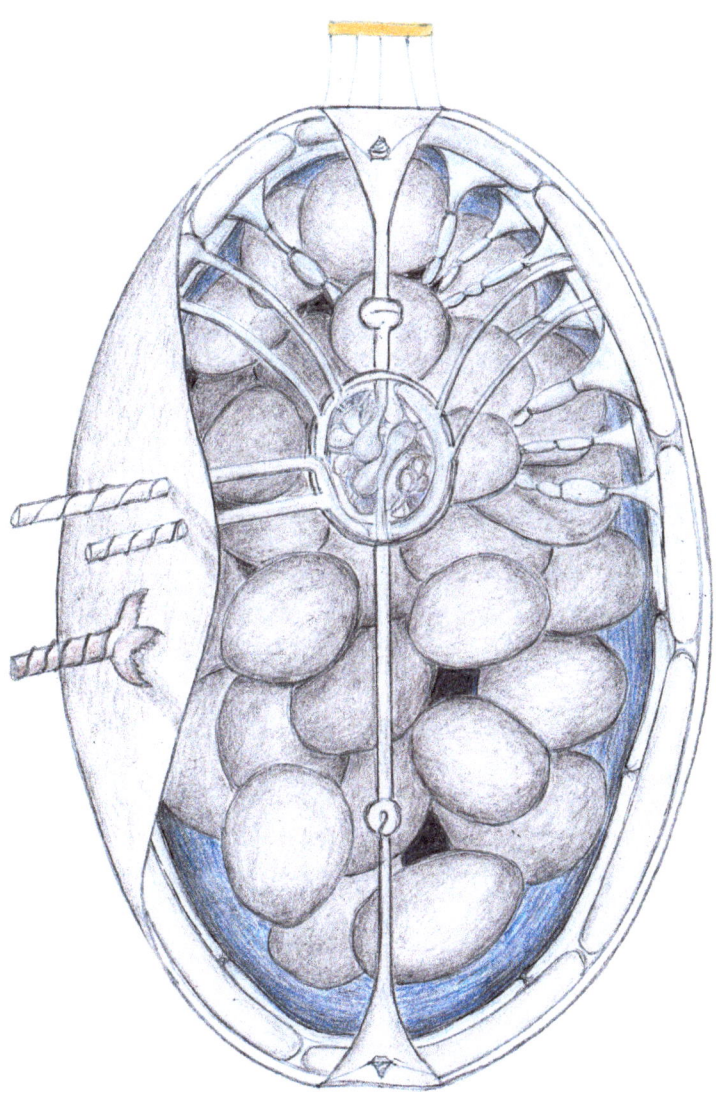

Das Bild zeigt den Energiekörper im Längsschnitt. Von oben und von unten führen die Hauptenergiekanäle zunächst zu den Adaptern und dann zum Mamnherz. Im oberen Trichter befindet sich die goldene Scheibe, hier mit einigem Abstand vor dem Eingang und bereits im Trichter der Energiestromstabilisator. Im unteren

Trichter, ebenfalls vor dem Eingang, befindet sich ein weiterer. Um das Herz herum sind die Organe des Energiekörpers angeordnet, einfache Blasen, die die darunterliegenden energetischen Organe umschließen. Sie werden von einem komplexen rückflusssicheren und mit Zwischenspeichern ausgestatteten Versorgungssystem, bestehend aus Kanälen und Bypässen, wahlweise mit göttlicher Energie, Erdenergie oder geraubter Energie versorgt. Links im Bild sind oben die eigenen Rapienteskanäle und darunter ein fremder zu sehen, der mit Krallen bewehrt die äußere Schutzhülle durchdringt und das außen liegende Kanälessystem absaugt.

Mamnherz

Das Mamnherz nutzt für seine Arbeit den Unterdruck der verbrauchenden Energien und steuert mit Hilfe der goldenen Scheibe, der schraubenförmigen drallgebenden Energiestromstabilisatoren und der Adapter die Versorgung der energetischen Systeme mit Erdenergien und göttlichen Energien. Ein gesundes System verursacht dem Herz keine Arbeit, seine Schleusen, Klappen und Bypässe sind einfach alle geöffnet. Energieengpässe, hervorgerufen durch emotionale Ausbrüche oder chronische Realitätsverweigerung, bringt das Mamnherz in die unangenehme Lage entscheiden zu müssen, welche Bereiche vorgezogen und welche leer ausgehen. Wie auch immer die Entscheidung getroffen wurde, der Energiemangel ist qualvoll und regt zu guten Ideen an, wie man sich der bereits angepassten entschärften und damit ungefährlichen Energien seiner Mitmenschen bemächtigen kann. Ein eigener Bereich des Herzens, in der Lage aus einem Pool Energiematerie, von der göttlichen Instanz bereitgestellt und den Willen des Menschen respektierend, Rapienteskanäle auszubilden, ermächtigt zum Energieraub – karmische Konsequenzen folgen.

Im Normalfall verträgt ein gesundes Mamnherz die von den Adaptern vorbereiteten Energien sehr gut, der ungebremste stetige Fluss unterstützt einen gesunden Entwicklungsprozess. Diffizilen inneren Befindlichkeiten folgend, wenn egoistische Vorstellungen und Erwartungen in Gefahr sind, reagiert das Mamnherz jedoch mit ungeordneten Mitteln und drückt mehr oder weniger stark mit angespannter Außenhülle die beiden Hauptenergiekanäle zu.

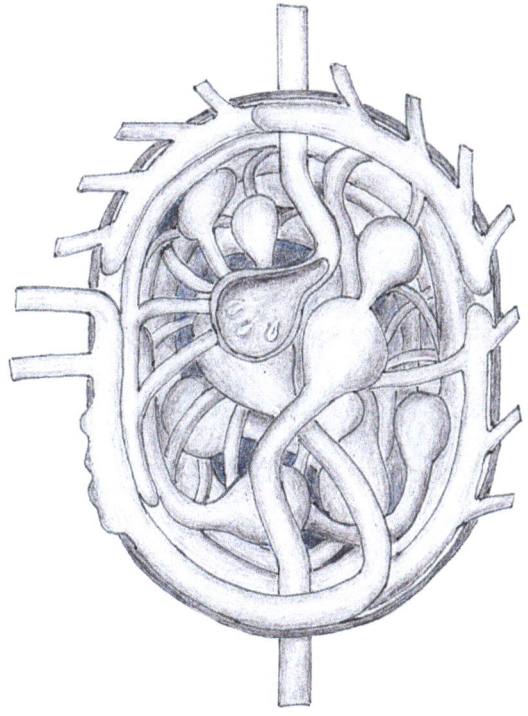

Das Bild zeigt das Mamnherz im Längsschnitt. Von oben und von unten führen die Hauptenergiekanäle zum Herz, die jeweils direkt in einer mit Klappen versehenen großen Herzkammer, im Zentrum gelegen, münden und weiterhin, vorläufig getrennt mit weiteren Klappen und Verteilerkanälen, dieselben Organe versorgen. Links im Bild sind die Anschlussstücke zweier Rapienteskanäle zu sehen, die ebenfalls ihre geraubte Energie in eine dritte Herzkammer flie-ßen lassen. Auch die Fremdenergie wird getrennt behandelt und vermischt sich erst auf Organebene. Von den äußeren Kanälen des Herzens führen klappengesteuert die schlankeren Kanäle für das

Versorgungssystem weg. Links unten, unterhalb der Rapienteskanäle, befindet sich der energiematerieversorgte schlabbrige Bereich, der neue weitere Kanäle ausbilden kann.

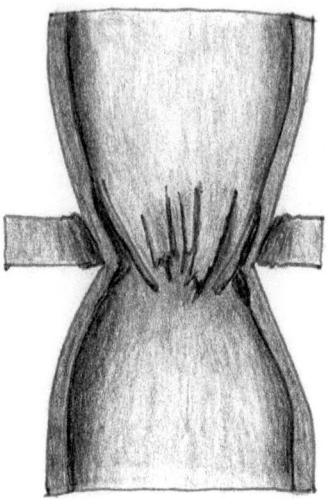

Das Bild zeigt den Hauptenergiekanal der Erdenergie beim Übertritt ins Mamnherz. Die angespannte Außenhülle presst den Kanal zu, die Innenwände des Kanals werden spröde, splittern und verschließen ihn ganz oder teilweise.

Adapter für Erdenergien

Der Adapter für Erdenergien, im Hauptenergiekanal zwischen dem Energiestromstabilisator und dem Mamnherz, filtert zu tiefe, sie können den Ansaugstrom unterbrechen, weil sie nicht verbraucht werden können, und zu hohe strukturschädigende Frequenzanteile aus dem Gesamtspektrum heraus.

Der Adapter besteht aus einem hohlen Gehäuse, dessen Innenwände mit einem seidigen Schlauch, unterlegt mit dicken weichen

Rippen, ausgekleidet ist. Er führt den schnellen Energiestrom zweimal im Kreis, wodurch der seidige Schlauch fest gegen die Rippen gepresst den Erdenergien die oberen und die unteren Spitzen nimmt.

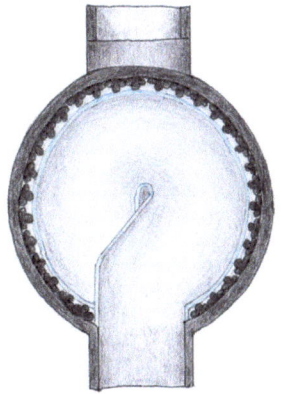 

Das linke Bild zeigt den Adapter für Erdenergien im Längsschnitt. Die Erdenergie strömt von unten in den Adapter hinein und wird zweimal im Kreis herum geführt. Rechts im Bild ist ein Abschnitt des Innenbesatzes zu sehen, der unangenehme Bestandteile herausfiltert.

Adapter für göttliche Energien

Im oberen Trichter, zwischen dem Energiestromstabilisator und dem Mamnherz, befindet sich der Adapter für göttliche Energien, der dem Menschen die Möglichkeit einräumt, den göttlich vorgeschlagenen Entwicklungsprozess zu verlangsamen.

Der Adapter, etwas anders geformt mit feineren Rippen als der für die Erdenergien, arbeitet weniger mit Drallwirkung als mit einem Beschleunigungseffekt, der teilweise oder ganz intensive hochfrequente Anteile löscht.

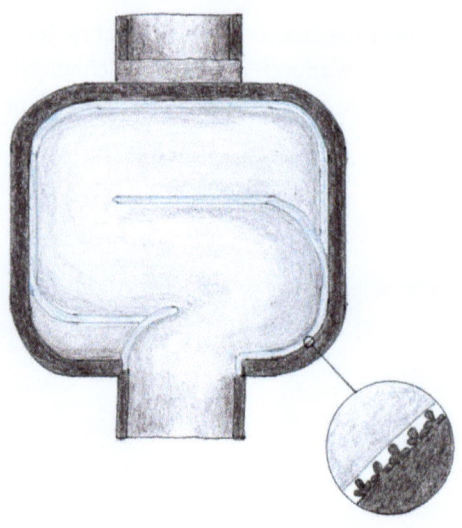

Das Bild zeigt den Adapter für göttliche Energien im Längsschnitt und im Detail den Innenbesatz.

ELEMENTALE

Hier im Buch wegen seiner Mächtigkeit als vorletztes Kapitel gereiht, technisch gesehen jedoch dem Logica zugeordnet, findet man die Elementale, eine Struktur, die, durch die konzentrierte Entwicklung einer Idee oder einer unumstößlichen Überzeugung erzeugt, auf Basis resonanter Energien den Vorhaben und Plänen des Menschen erst die nötige Umsetzungskraft verleiht. Ihr Aufbau ist erstaunlich komplex und ähnelt dem des menschlichen Systems, da sie des Erbauers Energien, Ideen, Emotionen und Absichten tragen. Solange der Mensch mit der Idee und damit mit ihrer Struktur verbunden bleibt, streben sie nach Verwirklichung und formen die erforderlichen Bedingungen und Begegnungen, ersetzen aber niemals die Durchsetzungshärte und die harte Arbeit der Vollendung.

Was auch immer aufgrund eines kraftvollen Elementals entsteht, es bleibt mit dem Werk verbunden und mit jenen Menschen, die sich weiterhin damit beschäftigen und identifizieren. Die Absichten und Emotionen, die es trägt, sind wandelbar und werden weiterhin geformt, sie bestimmen, meist auch karmisch abhängig, in manchen Fällen die Fehleranfälligkeit und die Lebenszeit der Schöpfung.

Die Entstehung eines Elementals beginnt mit der unverbindlichen Entwicklung einer Idee, die auf Initiative des Logica einen formlosen inhomogenen Entwurf – das Baumaterial heißt Energiematerie – entstehen lässt. Es besitzt noch keine dauerhafte energetische Struktur und zerplatzt wieder, wenn nicht der definitive Entschluss der Umsetzung folgt. Verwirft der Mensch die Idee, der bereits der Entschluss der Durchführung vorausging, bleibt die energetische Struktur des Elementals, auf die Energie seines Schöpfers oder Mitschöpfers angewiesen, samt seiner abflauenden resonanten Wirkung nur noch eine Zeitlang bestehen und löst sich letztendlich ganz auf.

Der Aufbau eines Elementals, am menschlichen System orientiert, besteht aus vereinfachten energetischen Körpern, die jedoch auf den Dilectio, den Dolor und den Karmischen Körper verzichten können. Die Strukturen sind miteinander verkettet, ihre Wechselwirkung untereinander, gemäß ihrem Lebenszweck der resonanten Realisierung, beschränkt auf die Idee der Mitschöpfer.

Der Sensus, demnach mit der Aufgabe betraut, die die Idee begleitenden Emotionen aufzunehmen und zu speichern und einer geringen Logik folgend entsprechend resonant einzusetzen, verzichtet auf Generatoren und seine nichtfühligen Sensoren folgen lediglich der gierigen Kraft ihrer negativen Emotionen, die nach Energie für die Verstärkung ihrer Resonanz streben. Der Sensus, und das gilt auch für die anderen energetischen Körper des Elementals, besteht dennoch aus einem übergeordneten Herz Organ und dem menschlichen System deswegen gleich vielen energetischen Organen, weil sie dessen persönlichkeitsteilaspektsspezifische Eigenarten übernehmen und resonant vertreten.

Der Logica trägt die Idee mit exakt der Anzahl an Gedankenzellen und jener minimalen Vernetzung, die nötig ist, um ihrer Umsetzung Kraft zu verleihen. Eine Speicherstruktur, die als Datenbank eine ebenso auf das Mindeste beschränkte, im Laufe der Entwicklung jedoch erweiterbare Kapazität aufweist, dient dem Elemental als Zwischenlager, nicht für das benötigte Wissen der Idee an sich, sondern von Daten, die ausschließlich für die Realisierung vonnöten sind. Die Logica Organe, aktiv in bestimmten Phasen, zünden mit ihren Impulsen hauptsächlich persönlichkeitsaspektsabhängige Emotionen im Sensus, deren Gier nach Energie im Ingenium gespeicherte Strategien auslöst.

Der Annexus stellt die Beziehung zwischen dem Elemental und dem Menschen her, nicht formend, sondern ihren Resonanzen entsprechend fordernd nötigend, so wie das zum Beispiel bei kollektiven Elementalen einer von Vorurteilen geprägten Gesellschaft der Fall ist oder, und das ist der eigentliche Sinn eines positiven

Elementals, eine unverbindliche energieneutrale Verbindung aufrechterhaltend und den bemühten Menschen schlicht bei der Umsetzung seiner Ideen unterstützend.

Der Ingenium, ohne ein Anlagengefüge und ohne Verbindung mit der göttlichen Instanz, ist nur dann von Bedeutung, wenn die egoistische Idee Strategien für die nimmersatten negativen Emotionen benötigt, um deren resonante Kraft, dem zähen Lebenswillen des Elementals folgend, zu verstärken. Er besteht also lediglich aus einem der Intelligenz der gespeicherten Strategien angepassten Herz, dem minimal ausgestatteten Strategien Speicher und den Organen, die für eine zündende Wechselwirkung im System zuständig sind.

Elementale benötigen für ihre Existenz und ihre resonante Arbeit Energie, besitzen aber keine eigene selbstständige Anbindung an Erd- oder göttliche Energien. Sie sind daher auf die lebenserhaltenden Verbindungen jener Menschen angewiesen, die mit ihnen aufgrund einer gewissen Resonanzverwandtschaft in Beziehung treten können.

Zuletzt sei noch der Atlas erwähnt, der, mit nahezu der gleichen Gestalt und Struktur wie der des menschlichen Systems, für die Kommunikation der energetischen Körper des Elementals untereinander zuständig ist.

DIMENSIONEN

Jeder Mensch wurde mit einer einzigartigen Kombination von zu Beginn brachliegenden potentiellen Anlagen und Talenten ausgestattet, deren Entwicklung auf mehreren Ebenen, passiv zufällig durch seine zunächst uneingeschränkte Handlungsfreiheit und daraus resultierenden, schwer zuordenbaren Erfahrungen und aktiv zielgerichtet mit Konzentration, harter Arbeit, Hartnäckigkeit und Disziplin, stattfindet.

Im schmerzhaften korrigierenden Kreislauf karmischer Verstrickungen, der durch unzählige zwischenmenschliche Verirrungen und egoistische Verhaltensweisen gezeichnet ist, gefangen, und da gibt es keinen Menschen, der diesen Weg nicht beschritten hat, gilt es, einen besseren menschlicheren Weg zu finden und den impulsgebenden Kräften schlechter Eindrücke, negativer Emotionen und anderen unangenehmen Animositäten mit eiserner Disziplin entgegenzuwirken. Der nach außen wirkenden Arbeit muss jedoch die nach innen gerichtete folgen und der Mensch ist gezwungen in sich zurückgezogen die in Aufruhr geratenen Prozesse zu befrieden.

Die konsequente Entwicklungsarbeit gemeinsam mit der Perfektionierung seiner Fertigkeiten, die gesteuert durch sein individuelles Anlagengefüge nach vielen Umwegen genau eine Richtung definiert, lässt den Menschen einer höheren Ordnung folgend genau einen, nur ihm zugewiesenen Platz im Gefüge der gesellschaftlich sozialen Struktur der Menschheit, mit einem einzigen, perfekt zu ihm passenden Partner an seiner Seite, einnehmen.

Damit ein Leben im andauernden karmisch gesteuerten Entwicklungsprozess fern von Liebe und Mitgefühl, dominiert von Egoismus und Grausamkeit überhaupt möglich ist und führt man sich die Möglichkeiten der in den vorigen Kapiteln ausführlich beschriebenen energetischen Körper vor Augen, um umgekehrt den logischen

Schluss auf das Menschsein zu ziehen, braucht es ihre energetischen Strukturen und Funktionen, die Speichersysteme und Resonanzfähigkeit ihrer Energien, die als erfahrungsbasiertes System konzipiert darauf abzielen, den Prozess der Entwicklung bestmöglich zu unterstützen.

Bereits umrissen, definiert die dritte Dimension daher ein Leben gezeichnet von karmischen Konsequenzen, falschen Schlussfolgerungen, daraus resultierenden leidbringen Taten und Handlungen der enormen Wirkung resonanter Daten entsprechend, sodass der individuelle freie Wille unter Umständen keiner mehr ist und der Mensch ausschließlich mit den nötigen Korrekturen in seinem Leben vollbeschäftigt ist.

Die harte Entwicklungsarbeit der Disziplinierung, begonnen infolge von Erkenntnissen und Einsichten der unendlichen, letztendlich immer gleichen leidvollen Erfahrungen, kennzeichnet die fünfte Dimension. Die harten Standpunkte weichen auf, die Schwächen und Unzulänglichkeiten treten, die nötigen Korrekturen einfordernd, offen und schmerzlich zur Bearbeitung ins Bewusstsein und der Mensch lernt, seinen Platz im kleineren und größeren Gefüge der Gemeinschaft einzunehmen.

Die in der dritten Dimension angehäuften karmischen Daten sind der Maßstab für die Reise durch die fünfte Dimension. Sind sie durch Bedauern und Wiedergutmachung im Rahmen der Disziplinierung aufgelöst und die schwierigen Abhängigkeiten und Verstrickungen entwirrt, ist der Mensch frei genug, um in die siebte Dimension aufzusteigen. Das Leben dort ist nach wie vor gekennzeichnet von der harten Arbeit der Entwicklung, immer noch sind schwierige Verhaltensweisen und Erwartungen aufzugeben, aber die Grundvoraussetzungen für ein ehrlicheres, liebevolleres und sachlicheres Miteinander sind damit erfüllt. Deswegen beendet der Mensch nach dem Aufstieg in die siebte Dimension nach seinem Tod vorläufig den Kreislauf der Reinkarnationen, um ein Leben gemäß seinem Entwicklungsstand mit Gleichgesinnten in

Frieden führen zu können. Lässt er sich gehen und fällt in seine alten Lebensmuster zurück, muss er sich jedoch erneut den Herausforderungen einer Inkarnation mit einer Menschheit der dritten Dimension stellen.

Die energetischen Körper
im Wandel der Dimensionen

Die Dimensionen sind ein Konstrukt, das des Menschen mögliche, vorhin bereits entworfene und definierte, unterschiedliche Entwicklungsphasen beschreibt und erst eine über lange Zeit hinweg egoistische grausame, unbewusste Lebensweise voller Erwartungen und Machtansprüchen ermöglicht. Nicht die menschenfeindliche Lebensweise an sich, sondern die gemäß seiner Selbstverantwortung geformten Bedingungen und provozierten Ereignisse, der Widerstand seiner Mitmenschen und die widrigen Umstände, gegen die gekämpft werden muss, erfordern die Aufbewahrung der ungelösten Probleme und verdrängten Emotionen für die Bearbeitung zu einem späteren Zeitpunkt und füllen die energetischen Speichersysteme.

Damit die gesammelten brisanten Datenbestände überhaupt im System beruhigt und verfestigt, teilweise auch komprimiert aufbewahrt und über einen endlosen Zeitraum bis zu ihrer Aufarbeitung aufgehalten werden können, müssen die Speicher eine ungeheure Kapazität aufweisen, die nur durch eine entsprechende teilweise Abwesenheit von göttlichen Energien und Erd-Energien aufrechtzuerhalten ist.

Dadurch ist festgelegt, dass die Zufuhr an göttlichen Energien in der dritten Dimension nur sehr beschränkt bis gar nicht stattfinden kann, der göttliche Einfluss dementsprechend gering und der Mensch sehr lange Zeit nicht ohne eigene Schuld einer nach unten führenden Spirale seines eigenen Egoismus erliegt. Retten kann er sich letztendlich nur selbst, das Energieversorgungs-System, das aus der Sicht der Dimensionen eine neue Bedeutung gewinnt, entspricht dem Wunsch des Menschen sich zu entwickeln mit einer ansteigenden und regelmäßigen Zufuhr göttlicher Energien und den, in dieser Sache in beschränkteren Ausmaß wichtigen, Erd-Energien.

Die göttlichen Energien hebeln die gespeicherten Datenbestände aus den Speichersystemen und fordern den Menschen in neuer ungeahnter Weise, die Sensoren und Generatoren der energetischen Körper werden empfindlicher und energetische Verunreinigungen, die die zarten Gewebe verletzt haben, lösen sich durch die funktionierenden Regenerationssysteme langsam auf, sodass ein ruppig laufendes System wieder besser funktioniert.

Im Detail werden hier im Anschluss nur die wichtigsten, direkt vom Wandel der Dimensionen betroffenen energetischen Körper besprochen und das sind, bis auf die energetischen Verunreinigungen und ihrer Regenerationssysteme, nur der Sensus, der Annexus, der Ingenium, der Karmische, der Genetische und der Energie Körper, hier seiner führenden Bedeutung wegen gleich an erster Stelle gereiht.

Energie Körper

Die Energieversorgung mit göttlichen Energien und Erd-Energien wird bedarfsabhängig durch Unterdruck im System unmittelbar und konkret direkt, die Qualitäten bestimmend, von der goldenen Scheibe oberhalb des Energie Körpers und vom Erd-Energie-Magneten an der Unterseite bestimmt.

In der dritten Dimension sitzt die goldene Scheibe noch fest am oberen Trichter des Energiekörpers, die Zufuhr an göttlichen Energien beschränkt sich daher auf seltene Anlässe, da sie noch zu viel Aufruhr im System verursachen. Gegen Ende der dritten Dimension beginnt sich hingegen bereits ein schwacher stetiger Zustrom an göttlichen Energien bemerkbar zu machen, der beim Übertritt in die fünfte nun noch etwas stärker wird und 20 % seiner maximal möglichen Zuflussstärke erreicht. Die Scheibe löst sich nun nach und nach vom Trichter ab und beginnt zu schwingen.

In der siebten Dimension erreicht die goldene Scheibe ihre höchste Position und steigert den maximalen Durchfluss nun auf 65 %.

Dem laufenden weiteren Entwicklungsprozess angepasst, steigt der Zustrom schwankend nach und nach und zuletzt sehr langsam, um in ferner Zukunft im Bedarfsfall auch die 100 % zu erreichen.

Die Versorgung mit Erd-Energien ist nicht unmittelbar mit der Dimension verknüpft, sie wird davon unabhängig zu jedem Zeitpunkt der Entwicklung in verstärktem Maße gebraucht, um bei der Umsetzung von Vorhaben die nötigen Kräfte zu liefern und bei der intensiven Arbeit mit dem Unterbewusstsein, hier mehr aufgrund ihrer Qualitäten, eine Öffnung für die Realität zu bewirken.

Sensus

Der Sensus ist jener energetische Körper, der beim Abstieg in die dritte Dimension mit der Kapazität seiner energetischen Speicherstrukturen als Erster an seine Grenzen stößt. Er definiert daher ein logisches Ende der Entwicklungszeit des Menschen, der nach ungefähr 10 000 Jahren des Sammelns von Erfahrungen reif geworden sein sollte, um mit der Aufarbeitung des Gespeicherten zu beginnen. Die gesamte Menschheit befindet sich bereits an die 2000 Jahre vor dieser Zeitgrenze und manche der Menschen sind jetzt schon mit einem übervollen Emotionen Speicher konfrontiert. Die nötige Entwicklungsarbeit ist dann kaum mehr zu leisten, da die schwer zurückzuhaltenden Emotionen das menschliche System ständig stressen und der Mensch letztendlich in einem depressiven apathischen Zustand verharrt. Er wird von seinen Mitmenschen abhängig und vor allem von einer liebenden Mutter, die ihm hilft diese schwierigen Zeiten zu überstehen.

Das untere Drittel der dritten Dimension ist daher auf die völlige Abwesenheit von göttlichen Energien angewiesen, jede emotionale Öffnung des Menschen, und das sind meist Zeiten der Krankheit oder karmische Ereignisse, weil die leidvermeidenden Mittel der Verarbeitung noch fehlen, muss genutzt werden, um den Speicher zu entlasten. In der fünften Dimension, da nun die Aufarbeitung anstehender Themen begonnen hat, wird nun mit Hilfe des stetig ansteigenden Stroms göttlicher Energien die Entlastung des Emotionen Speichers weiter vorangetrieben. Der Prozess bezieht die Umba-Sensoren mit ein, da die göttlichen Energien den Verdrängungsstrukturen ebenfalls zusetzen und ihre Empfindsamkeit und damit die Sensibilität des Menschen für seine inneren Vorgänge gesteigert wird. Die Umba-Generatoren entwickeln sich zeitgleich zurück und sollten, bis auf den der Freude und der sexuellen Lust, gegen Ende der siebten Dimension endgültig eine neutrale Form angenommen haben.

Die Arbeit mit dem Emotionen Speicher zieht sich bis weit in die siebte Dimension hinein und endet spät mit einem ausgeglichenen emotionalen Haushalt. Der Speicher, dessen Kapazität durch das immer höher werdende Energieniveau bis in die siebte immer mehr abgenommen hat, bildet dann lediglich einen anlassbedingten Puffer.

Annexus

Der Erinnerungsspeicher des Annexus füllt sich in der dritten Dimension aufgrund der vielen schwierigen Beziehungen, deren Datenbestände jedoch nicht unmittelbar von der Anwesenheit göttlicher Energien bedroht sind. Sie lösen sich eher aufgrund von Begegnungen oder energetischen Angriffen ausgelöst durch anschlagende Beziehungsbänder und müssen in den meisten Fällen unbefriedet wieder gespeichert werden.

Die vielen derben Beziehungsbänder, verbunden mit den brisanten Erinnerungen, setzen dem Körper des Annexus ziemlich zu und bieten einen zerrissenen Anblick. Die Lichtperle ist in der dritten Dimension unterbeschäftigt.

Der Zustand ändert sich in der fünften Dimension zum Besseren, da die ständige, manchmal noch unstetige Entwicklungsarbeit den

Speicher doch nach und nach entleert. Noch nicht alle Beziehungs-bänder werden schlaff und mürbe und lösen sich teilweise sogar bereits ganz auf. Der durchlöcherte Erinnerungs-Speicher heilt durch die ständige Zufuhr frischer Substanzen, die von der göttlichen Instanz unaufhörlich nachgefüllt wird.

In der siebten Dimension ist der Erinnerungs-Speicher bereits völlig geleert und die meisten Beziehungsbänder aufgelöst, lediglich einige konnten sich noch aus der fünften Dimension herüberretten, weil man sich von den damit verbundenen Mitmenschen noch nicht klar und scharf genug abgrenzen kann.

Ingenium

Die vielen Strategien und Verhaltensweisen, die in der dritten Dimension angesammelt und im Ingenium gespeichert wurden, müssen in der fünften bis weit in die siebte Dimension hinein aufgegeben werden, seine Datenbestände geraten so wie die des Erinnerungs-Speichers ebenfalls nicht unmittelbar durch die Anwesenheit göttlicher Energien in Bewegung. Sie lösen sich nach und nach auf, wenn durch beinharte Disziplinierung von den sonst üblichen energetischen Angriffen Abstand genommen und dem Einfluss der göttlichen Instanz mittels des Animus Herzens mehr abgewonnen werden kann. Die egoismusabhängigen persönlichkeitsaspektsfühligen Umba-Sensoren des Ingenium Herzens werden im Wandel der Dimensionen immer sensibler und helfen bei der Aufdeckung von unbewusst ablaufenden energetischen Angriffen. Gegen Ende der siebten Dimension entwickeln sich die abstrakten Formen der Umba-Generatoren zurück und der Mensch entfernt sich mehr und mehr von seinen inneren zerfleischenden Ambivalenzen.

Die Entwicklung der Talente und Anlagen ist im Prinzip Dimensionsunabhängig, die Mittel sollten sich jedoch im Wandel der Dimensionen ändern und egoistische Strategien nicht mehr eingesetzt werden.

Karmischer Körper

Der Karmische Körper sammelt hauptsächlich in der dritten Dimension Informationen, die vom Ingenium an ihn gesendet aufgrund leidbringender Handlungen entstanden sind. Der Mensch dort ist gezeichnet von einer unendlichen Abfolge karmischer Konsequenzen, die für ihn nicht durchschaubar und unberechenbar über ihn hereinbrechen.

Das Prinzip sollte in der fünften Dimension verstanden worden sein, sodass die Arbeit der Auflösung karmischer Verstrickungen beginnen kann. In der fünften Dimension noch hin und her geworfen, sind beide Speicher bis zu seinem Ende hin zu leeren, da in der siebten aufgrund der hohen göttlichen Energien keine karmischen Datenbestände mehr abgelegt werden können. Sollte der Mensch fehlen und nicht sofort mit Bedauern und Wiedergutmachung gegenlenken, rutscht er sofort in die fünfte Dimension zurück.

Die Entstehung von karmischen Blasen beschleunigt sich im Wandel der Dimensionen, das Feedback wird umgehender und kann besser verstanden werden – ein unschätzbarer Vorteil in der Entwicklung, da Ursache und Wirkung eine unmittelbare Erfahrung werden.

SCHLUSSWORT

Die großen Kapitel abschließend sei zum Schluss noch angemerkt, dass die Beschreibungen der energetischen Funktionen und Strukturen, keinesfalls vollständig und erschöpfend dargestellt, nur insoweit ins Detail gehen, als es für ein grundlegendes Verständnis nötig ist. Die auf den Bildern dargestellten energetischen Strukturen und Organe zeigen einen idealen gesunden funktionierenden Zustand und entsprechen dem idealisierten Durchschnittsmenschen. Ausnahmen sind explizit angeführt und gekennzeichnet. Auf detaillierte Beschreibungen diverser Abweichungen wurde verzichtet, da sie zum Verständnis der energetischen Strukturen und Funktionen nichts beitragen können und den Rahmen dieses Buches sprengen würden.

Des besseren Verständnisses wegen wurden für die Darstellungen des Aufbaus und der Funktionen diverser energetischer Organe bestimmte Schnitte und Perspektiven gewählt, die so in der Realität nicht vorkommen. Sehr oft sind die energetischen Strukturen durchsichtig, weiß und leuchtend oder Energieströme einfach gar nicht zu sehen. Deswegen wurden teilweise farbliche Schattierungen zur besseren Illustration verwendet und Farben leicht verändert, um Kontraste zu verstärken. Die Farben der energetischen Strukturen sind ebenfalls von individuellen Eigenarten abhängig und können stark von den hier gezeigten Bildern abweichen.

DIE AUTORIN

Diplom-Ingenieurin Siegrun Berger wurde 1964 in Purgstall geboren. Ursprünglich sehr technikaffin, studierte sie mit Auszeichnung Informatik an der technischen Universität Wien, woraufhin sie ein eigenes Unternehmen gründete. Als sie sich zunehmend für das Spirituelle zu interessieren begann, entdeckte sie bald ihre eigenen Fähigkeiten, wurde praktizierende Heilpraktikerin mit großem, internationalem Kundenstamm und gab auch Kurse. Im Zuge dieser Tätigkeit fing sie an, sehr genau die energetischen Körper sowie ihre Auswirkungen auf Gesundheit und Krankheit ihrer Klienten zu ergründen, auch mithilfe der Gottmutter, die ihre Tochter dabei mit Hinweisen und Gedanken unterstützte. Das gefundene Wissen brachte sie in über drei Jahren aufwendiger Arbeit und Illustration zu Papier – in Form ihres Buches „Die Anatomie der energetischen Systeme des Menschen". Nach ihrem Tod 2014 wird es nun von ihren drei Kindern herausgegeben.

DER VERLAG

VINDOBONA
VERLAG SEIT 1946

ein Verlag mit Geschichte

Bereits seit 1946 steht der Vindobona Verlag im Dienst seiner Bücher und Autoren. Ursprünglich im Bereich periodisch erscheinender Journale tätig, präsentiert sich der Verlag heute als kompetenter Partner für Neuautoren am deutschen, österreichischen und schweizerischen Buchmarkt. Engagement, Verlässlichkeit und Sachverstand – das sind die Grundpfeiler, auf denen der Verlag seit jeher sicher steht.

Sie möchten mit Ihrem Werk das vielseitige Verlagsprogramm bereichern? Der Vindobona Verlag garantiert Ihnen eine professionelle Prüfung Ihres Manuskriptes durch das Lektorat sowie eine zeitnahe Rückmeldung.

Genauere Informationen zum Verlag
finden Sie im Internet unter:

www.vindobonaverlag.com